Tu n'es pas belle, tu es pire !

les plus belles lettres d'amour d'enfants

Morgane Pellennec

Tu n'es pas belle, tu es pire !

les plus belles lettres d'amour d'enfants

Albin Michel

22, rue Huyghens, 75014 Paris
www.albin-michel.fr
978-2-226-45731-8

J'avais 11 ou 12 ans lorsque j'ai rencontré Simon P. en colonie de vacances. De ce qui a été ma première grande histoire d'amour, je n'ai que deux souvenirs. Un « smack » qu'il est venu me faire un soir pour me souhaiter bonne nuit – une visite exceptionnelle qu'il avait négociée auprès des animateurs, et des diapositives faites main qu'il m'a offertes pour mon anniversaire. Il y a sûrement eu d'autres baisers, des slows, des discussions (que pouvait-on bien se raconter à l'époque ?), mais le temps a progressivement effacé ces moments.
Je sais en revanche que la fin du séjour n'a pas sonné la fin de notre histoire. Car j'ai gardé les lettres que nous nous sommes envoyées, une fois rentrés chez nous. Dans l'une d'elles, Simon me déclare sa flamme. « J'ai cassé avec Lucile car je ne suis pas trop pour la polygamie. Je t'ai choisie car tu es plus belle et je t'aime de tout mon cœur Morgane. »

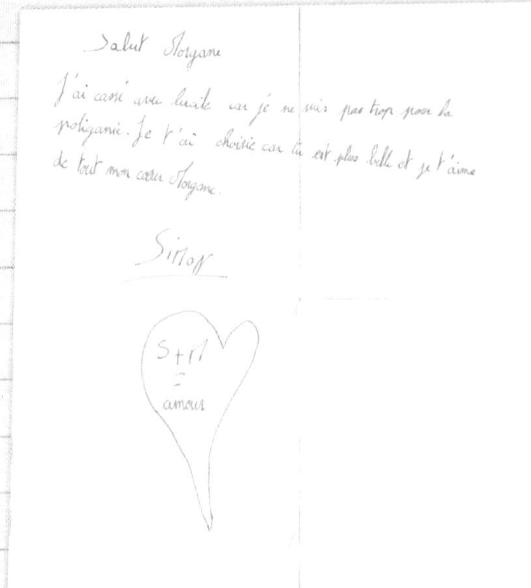
Salut Morgane

J'ai cassé avec lucile car je ne suis pas trop pour la poligamie. Je t'ai choisie car tu est plus belle et je t'aime de tout mon cœur Morgane.

Simon

S+M = amour

À la lecture de ses mots me viennent aujourd'hui plusieurs questions. Savais-je alors qu'il était en couple avec Lucile ? Peut-on être pas trop pour la polygamie ? Comment a-t-il pu mal conjuguer le verbe être à la deuxième personne du présent et correctement accordé le participe passé de choisir avec l'auxiliaire avoir ? Une chose est sûre, sa lettre m'a inspiré l'idée de cet ouvrage. Il contient une centaine de mots d'amour, principalement recueillis sur les réseaux sociaux.

Les enfants et les adultes aiment-ils de la même manière ? m'a-t-on demandé un jour. Probablement pas. S'aiment-ils aussi fort ? Assurément.

En 2009, j'ai retrouvé Simon sur Facebook. Je lui ai envoyé une invitation à devenir amis, et nous avons échangé quelques messages.

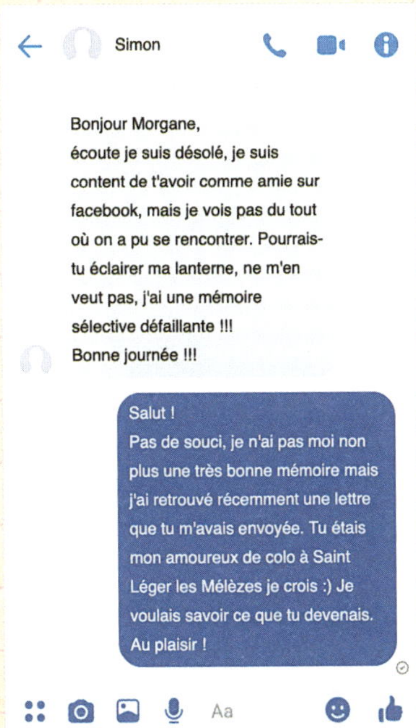

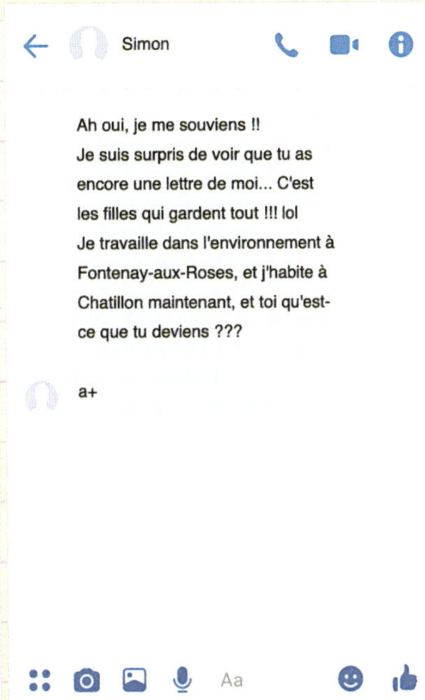

Je n'ai jamais pu lui dire ce que je devenais.
Simon m'avait retirée de sa liste d'amis.
Morgane

C'est la seule carte que je possède encore. Je l'ai reçue lorsque j'avais six ans. Charles-Amédée et moi nous étions côtoyés au ski pendant les vacances de printemps, il y a bientôt soixante-dix ans. J'ai toujours gardé ce souvenir en mémoire, même si j'ai oublié à quoi ressemblait ce jeune homme ! Cette carte était restée chez mes parents. Je l'ai récupérée au moment de leur décès, lorsque j'ai dû vider leur maison.

Hélène

Chère Hélène,

Je suis chez mes parents, je t'envoie cette carte de Sion où j'habite. J'ai parlé de toi à maman qui m'a dit si tu venais à Sion passer quelques jours chez nous (Suisse).

Reçois des baisers de ton camarade.

Charles-Amédée

Lorelei

A+L = oui ou non

Je t'aime. tu est la plus belle de l'école. Tu es

A+L = oui ou non

un papillon de nuit qui brille dans le ciel. Mon

Coeur est en feu pour toi car tu es la plus

belle. Tes yeux brillent comme une étoile fillante

Tu est une fille formidable.

Entoure oui ou non

Lorelei,
Je t'aime, tu es la plus belle de l'école. Tu es un papillon de nuit qui brille dans le ciel. Mon cœur est en feu pour toi car tu es la plus belle. Tes yeux brillent comme une étoile filante. Tu es une fille formidable. Entoure oui ou non.

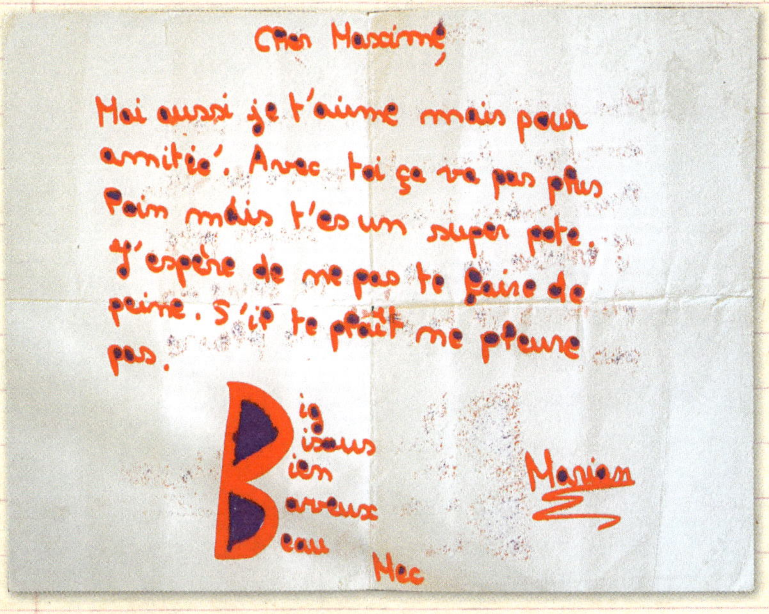
Cher Maxime,

Moi aussi je t'aime mais pour amitié'. Avec toi ça va pas plus loin mais t'es un super pote. J'espère de ne pas te faire de peine. S'il te plaît ne pleure pas.

Big
Bisous
Bien
Baveux
Beau
Mec

Marion

Cher Maxime,
Moi aussi je t'aime mais pour amitié. Avec toi ça va pas plus loin mais t'es un super pote. J'espère de ne pas te faire de peine. S'il te plaît ne pleure pas.
Marion

Cette carte postale était destinée à mon amoureux de CE1, Nelson, mais elle n'est finalement jamais partie. Toutes les vacances scolaires, je lui envoyais la même, seule la couleur de la robe changeait. Lui dire que je l'aimais semblait être le plus important, avant même de parler du poney ! Nous avions 7 ou 8 ans, et nous nous connaissons encore aujourd'hui.

Nelson je t'aime. Mais ce n'est pas tout. Je suis allée faire du poney à la Ronze chez ma tatie. Bonne journée Nelson.
Lola

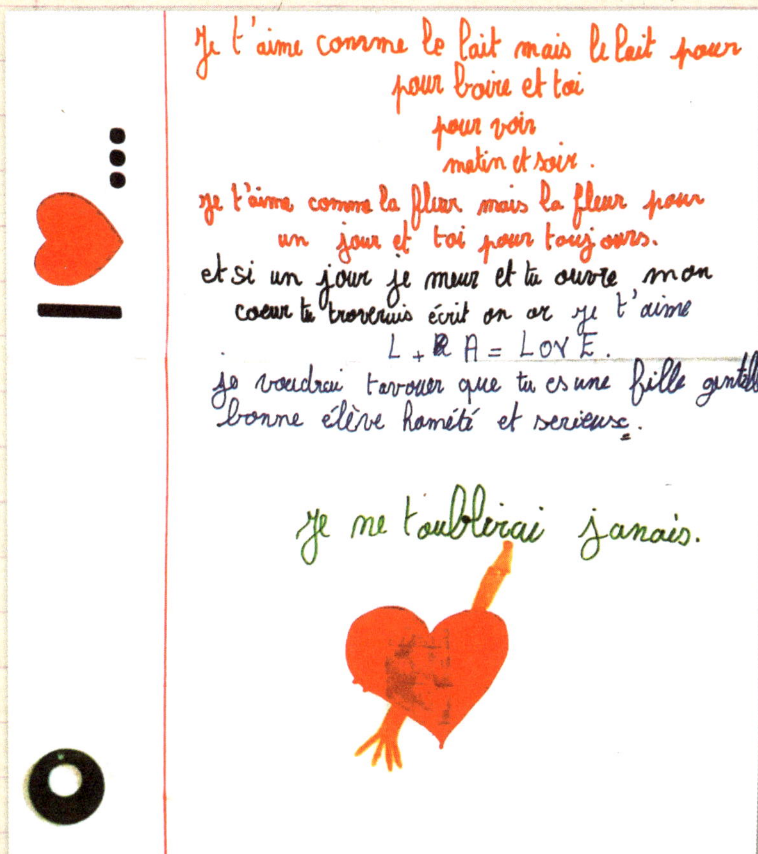
Je t'aime comme le lait mais le lait pour
pour boire et toi
pour voir
matin et soir.
je t'aime comme la fleur mais la fleur pour
un jour et toi pour toujours.
et si un jour je meur et tu ouvre mon
coeur tu troveruis écrit on or je t'aime
L + R A = LOVE.
je voudrai tavouer que tu es une fille gentille
bonne élève honnêté et serieuse.
Je ne t'oublierai jamais.

Je t'aime comme le lait, mais le lait pour boire, et toi pour voir matin et soir.
Je t'aime comme la fleur, mais la fleur pour un jour, et toi pour toujours.
Et si un jour je meurs et tu ouvres mon cœur, tu trouveras écrit en or : je t'aime.
Je voudrais t'avouer que tu es une fille gentille, bonne élève, honnête, et sérieuse.
Je ne t'oublierai jamais.

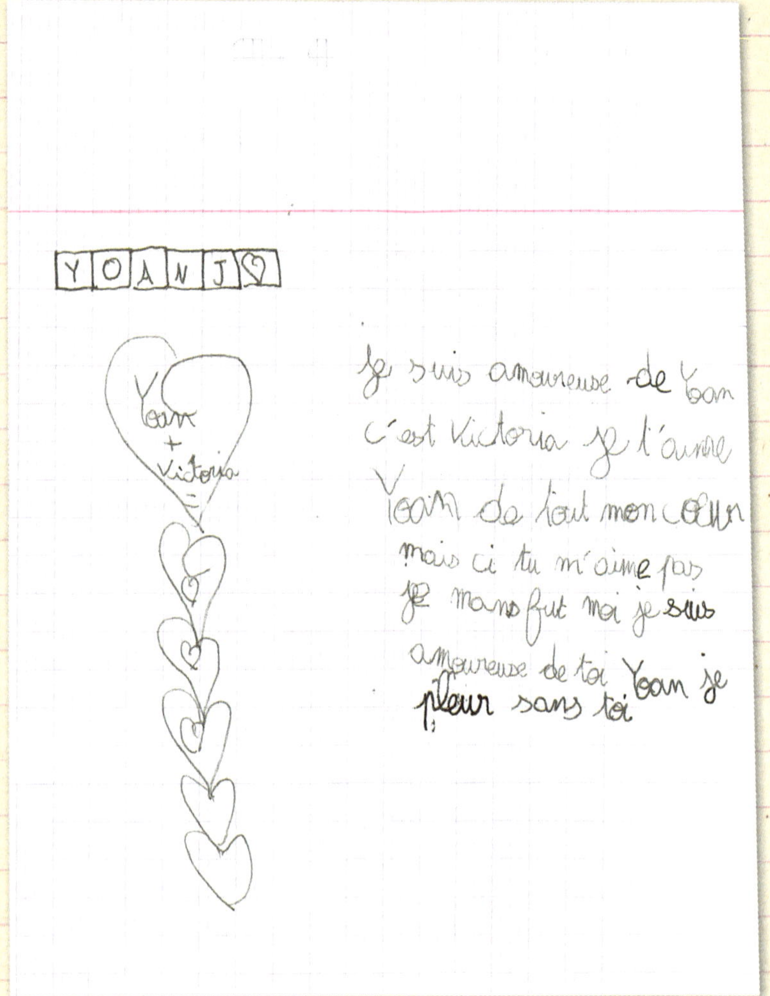

Je suis amoureuse de Yoan. C'est Victoria. Je t'aime Yoan de tout mon cœur, mais si tu m'aimes pas, je m'en fous moi je suis amoureuse de toi Yoan. Je pleure sans toi.

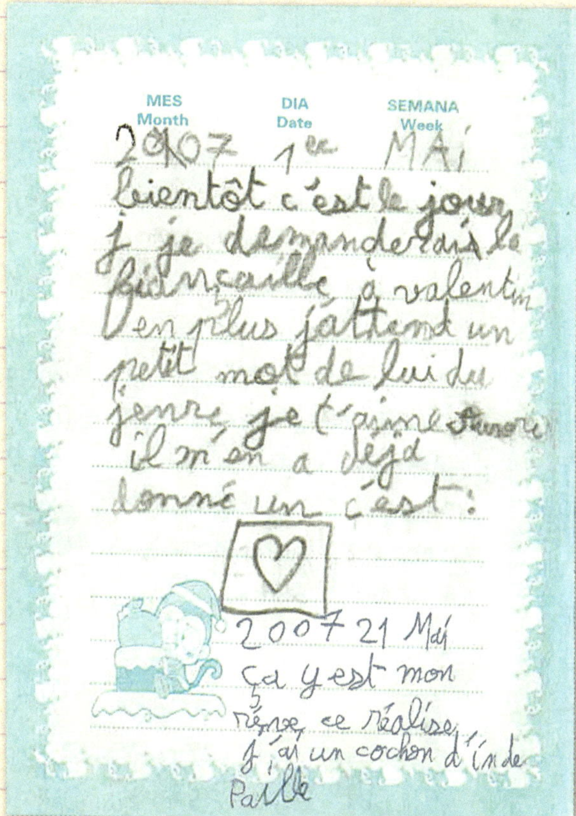

1er mai 2007
Bientôt, c'est le jour J. Je demanderai la fiançaille à Valentin en plus j'attends un petit mot de lui du genre je t'aime Aurore. Il m'en a déjà donné un c'est : <3
21 mai 2007 : Ça y est mon rêve se réalise, j'ai un cochon d'Inde, Paille.
Aurore, 7 ans ½

Après avoir caché mon amour à Hugues pendant cinq longues années de primaire, j'ai finalement pris mon courage à deux mains pour lui demander s'il partageait mes sentiments.

Lucie

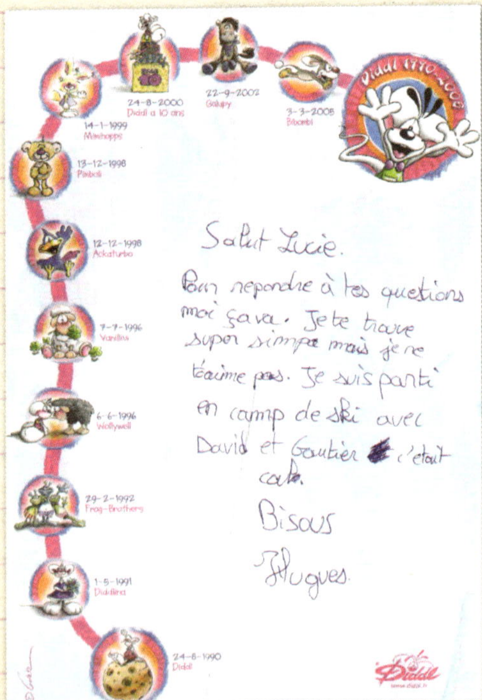

Salut Lucie.

Pour repondre à tes questions moi ça va. Je te trouve super simpa mais je ne t'aime pas. Je suis parti en camp de ski avec David et Gautier c'était cool.

Bisous

Hugues.

Salut Lucie, pour répondre à tes questions, moi ça va. Je te trouve super sympa, mais je ne t'aime pas. Je suis parti en camp de ski avec David et Gautier, c'était cool.
Bisous.
Hugues

Sébastien était un de mes nouveaux voisins, fraîchement installé dans le petit village où j'habitais. Je devais être en CE1, et lui en CE2. J'étais fascinée par sa beauté. Il était grand, svelte, brun et avait de superbes yeux clairs. Je n'attendais qu'une chose, c'était de le voir dans la cour de récréation. Mais comme beaucoup de mes camarades, il se moquait de moi, et j'étais sûre qu'il ne partageait pas mes sentiments. C'est ma maman qui a trouvé et précieusement conservé ce premier petit mot d'amour. Je n'ai donc jamais eu le courage de lui donner.
Émilie

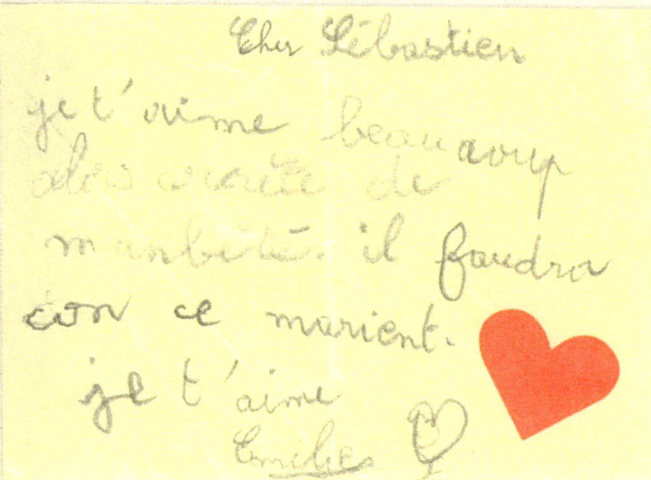

Cher Sébastien,
Je t'aime beaucoup alors arrête de m'embêter. Il faudra qu'on se marie. Je t'aime
Émilie

Quand j'étais en cinquième, je suis tombée follement amoureuse de Romain qui, lui, était en troisième. J'étais aimantée par lui, je le regardais tout le temps… sans jamais oser lui parler. Je me suis mise à lui écrire, ou plutôt, à écrire un journal intime, mais en m'adressant à lui. J'écrivais chaque soir pour raconter en détail les moments forts de la journée : s'il avait eu sport dans la cour, s'il avait effleuré mon sac dans le couloir, s'il m'avait rendu un regard à l'arrêt de bus… J'ai été amoureuse de lui jusqu'au lycée, sans que nous ayons échangé plus de trois phrases… Ce fut mon fil rouge pendant toutes ces années, mais autour il y avait les autres, que j'aimais plus ponctuellement : Jérôme, Fahed, Xavier, Thibault, Erwan, Bruno… La liste est longue ! J'avais toujours deux ou trois garçons en tête – qui généralement ne me connaissaient pas –, et je les « aimais » plus ou moins fort, plus ou moins longtemps… Romain est toujours resté mon préféré. Une histoire d'amour aussi constante que platonique… Un grand amour !

Julie

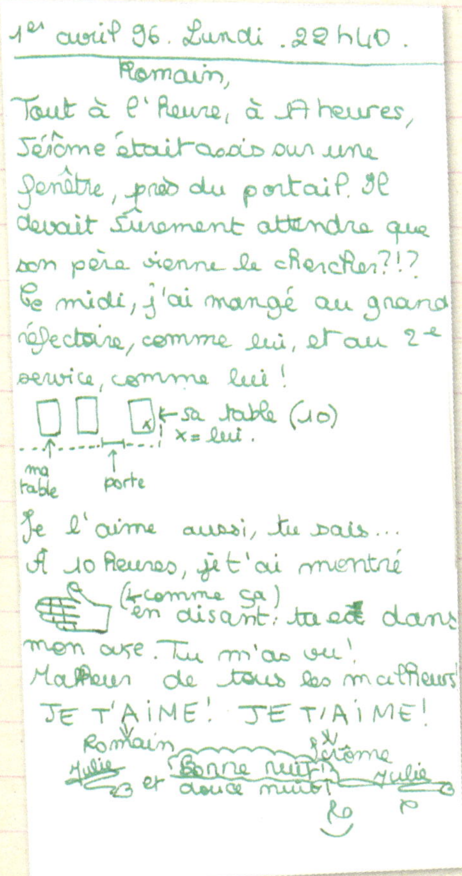

1er avril 96. Lundi. 22h40.

Romain,

Tout à l'heure, à 17 heures, Jérôme était assis sur une fenêtre, près du portail. Il devait sûrement attendre que son père vienne le chercher?!? Ce midi, j'ai mangé au grand réfectoire, comme lui, et au 2e service, comme lui!

Je l'aime aussi, tu sais... A 10 heures, je t'ai montré (comme ça) en disant: tu es dans mon axe. Tu m'as vu! Malheur de tous les malheurs! JE T'AIME! JE T'AIME!

Romain Jérôme
Julie et Bonne nuit et douce nuit! Julie

Tout à l'heure, à 17 heures, Jérôme était assis sur une fenêtre près du portail. Il devait sûrement attendre que son père vienne le chercher ?!?

Ce midi, j'ai mangé au grand réfectoire, comme lui, et au deuxième service, comme lui.

Je l'aime aussi, tu sais...

À 10 heures, je t'ai montré (comme ça) en disant : tu es dans mon axe. Tu m'as vue ! Malheur de tous les malheurs ! JE T'AIME ! JE T'AIME !

Alexis, 6 ans, à sa voisine et amoureuse, Sofia, le lendemain d'une soirée pyjama. Une lettre déposée devant la porte avec quelques bonbons.

Bonne St Valentin.
Je t'aime. Hier soir c'était super.

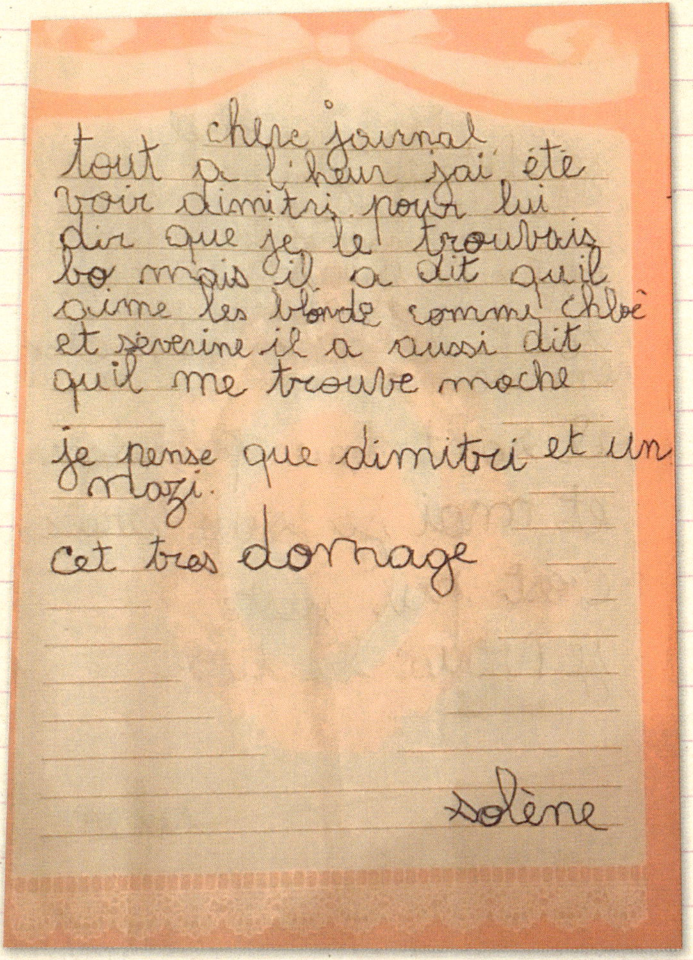

chère journal
tout a l'heur jai été
voir dimitri pour lui
dir que je le trouvais
bo mais il a dit quil
aime les blonde comme Chloé
et séverine il a aussi dit
quil me trouve moche

je pense que dimitri et un
nazi.

Cet tres dommage

Solène

Cher journal,
Tout à l'heure, je suis allée voir Dimitri pour lui dire que je le trouvais beau, mais il a dit qu'il aime les blondes comme Chloé et Séverine. Il a aussi dit qu'il me trouve moche, je pense que Dimitri est un nazi. C'est très dommage.
Solène, 8 ans

Antoine et moi étions amoureux en CM1. Nous nous sommes perdus de vue pendant près de 10 ans, jusqu'à ce jour où nous sommes tombés par hasard l'un sur l'autre dans un club. Des mots échangés, de nombreux rendez-vous et plusieurs années plus tard, nous sommes pacsés et plus amoureux que jamais.

Alice

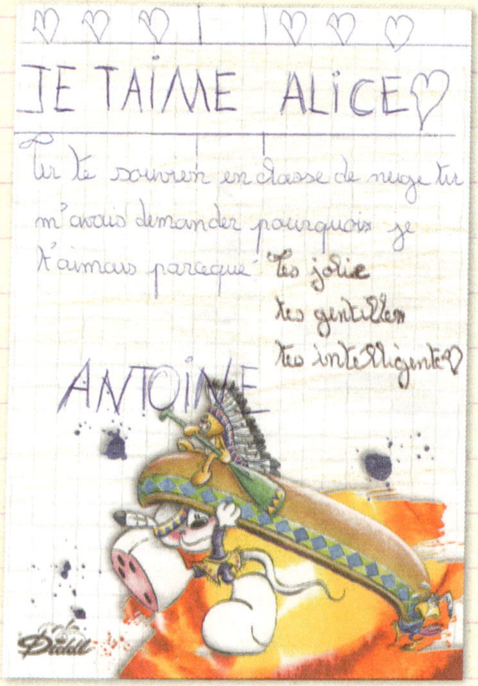

Je t'aime Alice. Tu te souviens en classe de neige tu m'avais demandé pourquoi je t'aimais, parce que : t'es jolie, t'es gentille, t'es intelligente
Antoine

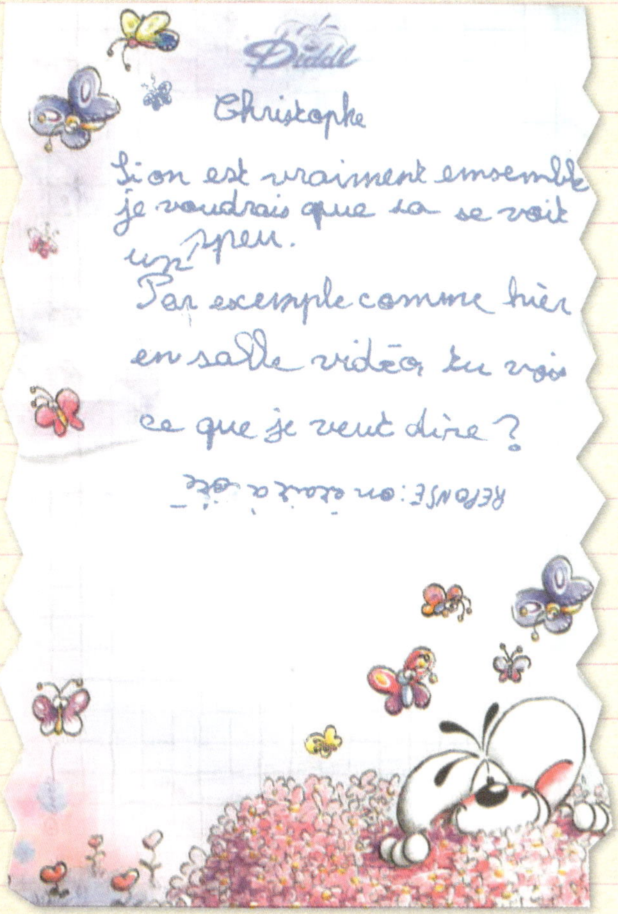
Christophe

Si on est vraiment ensemble
je voudrais que sa se voit
un peu.
Par excemple comme hier
en salle vidéo, tu vois
ce que je veut dire ?

REPONSE : on était à côté

Christophe,
Si on est vraiment ensemble je voudrais que ça se voie un peu. Par exemple, comme hier en salle vidéo, tu vois ce que je veux dire ?
Réponse : on était à côté.

Nous avions 8 et 9 ans et notre amourette a duré un an. Nous avons gardé contact au collège, un peu moins au lycée. Thomas est décédé dans un accident de la route lorsqu'il avait 18 ans. La nouvelle m'a bouleversée. L'an dernier, en aidant mes parents à déménager notre maison d'enfance, j'ai retrouvé ses lettres, que je garde très précieusement et que je relis avec beaucoup de tendresse.
Alice

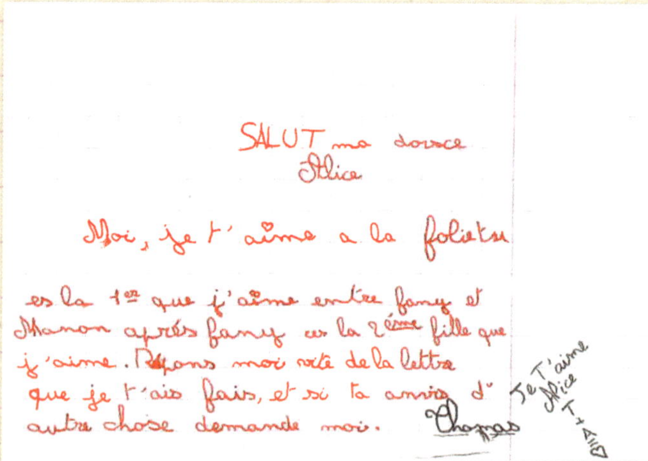
SALUT ma douce Alice

Moi, je t'aime a la folie tu es la 1ère que j'aime entre fany et Manon après fany es la 2ème fille que j'aime. Répons moi vite de la lettre que je t'ais fais, et si ta envie d'autre chose demande moi.

Thomas

Je t'aime Alice
T + A

Salut ma douce Alice,
Moi je t'aime à la folie. Tu es la première que j'aime entre Fany et Manon. Après Fany est la deuxième fille que j'aime. Réponds-moi vite de la lettre que je t'ai faite et si t'as envie d'autre chose, demande-moi.

Ma douce Alice,
Moi je t'aime parce que tu es jolie. Je te promets que je n'ai pas montré la lettre à Arthur. Moi je voudrais aller avec toi en Amérique.
Je t'aime Alice

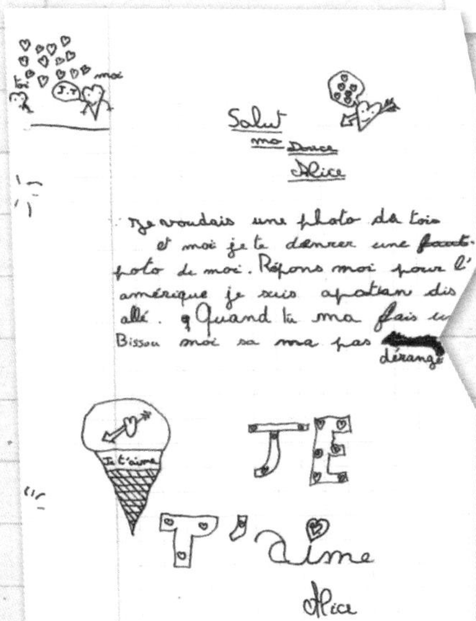

Salut ma douce Alice,
Je voudrais une photo de toi et moi je te donnerais une photo de moi. Réponds-moi pour l'Amérique, je suis impatient d'y aller. Quand tu m'as fait un bisou, moi ça m'a pas dérangé.
Je t'aime Alice

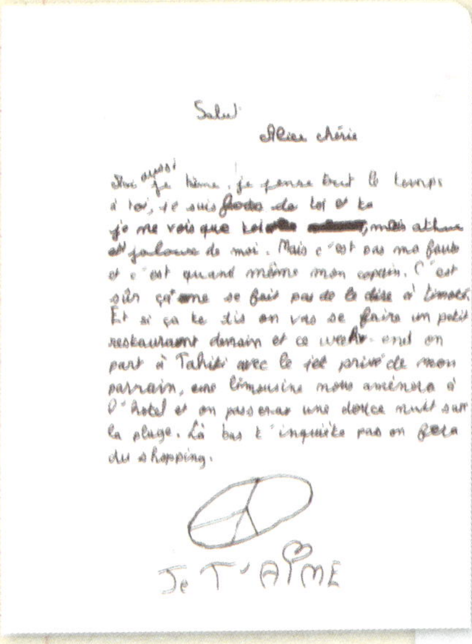

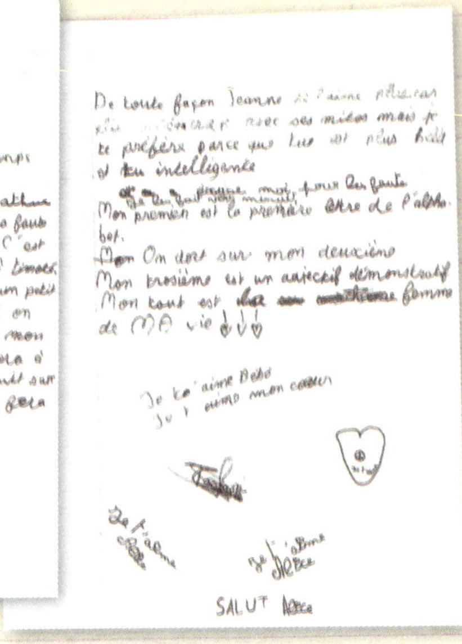

Salut Alice chérie
Moi aussi je t'aime, je pense tout le temps à toi, je suis fou de toi et je ne vois que toi, mais Arthur est jaloux de moi. Mais c'est pas ma faute et c'est quand même mon copain. C'est sûr ça ne se fait pas de le dire à Timoté. Et si ça te dit on va se faire un petit restaurant demain et ce week-end on part à Tahiti avec le jet privé de mon parrain, une limousine nous amènera à l'hôtel et on passera une douce nuit sur la plage. Là-bas t'inquiète pas on fera du shopping.
Je t'aime
De toute façon Jeanne je l'aime plus car elle m'énerve avec ses mythos mais je te préfère parce que tu es plus belle et plus intelligente.
Excuse-moi pour les fautes, je l'ai fait vers minuit.
Mon premier est la première lettre de l'alphabet.
On dort sur mon deuxième.
Mon troisième est un adjectif démonstratif.
Mon tout est la flemme de MA vie !!!
Je t'aime bébé
Je t'aime mon cœur

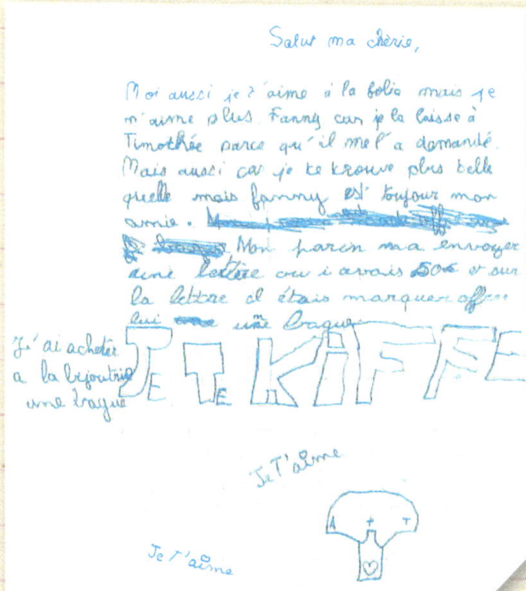
Salut ma chérie,

Moi aussi je t'aime à la folie mais je n'aime plus Fanny car je la laisse à Timothée parce qu'il me l'a demandé. Mais aussi car je te trouve plus belle quelle mais fanny est toujour mon amie. Mon parin ma envoyer une lettre ou i avais 50€ et sur la lettre il étais marquer offre lui une bague

J'ai acheter a la bijouterie une bague

JE TE KIFFE

Je T'aime

A + T

Je T'aime

Salut ma chérie,
Moi aussi je t'aime à la folie mais je n'aime plus Fanny car je la laisse à Timothée parce qu'il me l'a demandé. Mais aussi car je te trouve plus belle qu'elle mais Fanny est toujours mon amie. Mon parrain m'a envoyé une lettre où il y avait 50€ et sur la carte il était marqué offre lui une bague.
Je te kiffe

J'ai écrit ce mot en CM1 ou en CM2. Nous étions amoureux depuis la moyenne section. Il avait déménagé à la fin du CE2, et nous ne nous voyions plus. D'où le « enfin presque ».
Louise

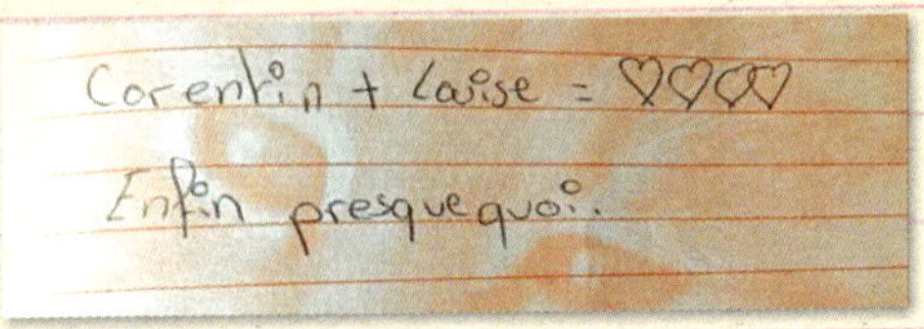
Corentin + Louise = ♡♡♡
Enfin presquequoi.

Corentin + Louise = <3 <3 <3 <3
Enfin presque quoi.

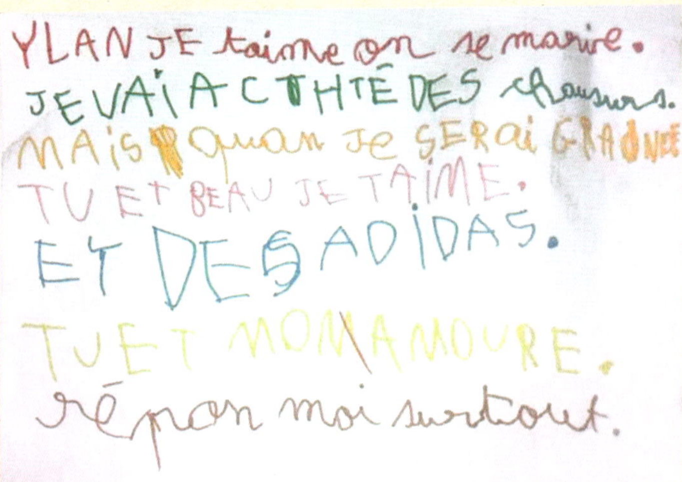
YLAN JE taime on se marie.
JE VAI ACTHTÉ DES chaussures.
MAIS quan JE SERAi GRANDE
TU ET BEAU JE TAIME.
ET DES ADIDAS.
TU ET MON AMOURE.
répon moi surtout.

Ylan, je t'aime on se marie. Je vais acheter des chaussures. Mais quand je serai grande. Tu es beau et je t'aime. Et des Adidas. Tu es mon amour. Réponds-moi surtout.

Je suis sortie avec Pierre par intermittence, entre mes 9 et mes 11 ans. Ce mot a dû être écrit entre deux rapprochements. Un jour, Pierre m'a offert un cœur en plâtre très mignon. Lorsqu'il m'a fait comprendre qu'il ne m'aimait plus, je suis allée mettre un coup de marteau sur le cœur et je l'ai enterré dans le fond du jardin !
Cindel

« Casse-toi » : c'est ça qu'il m'a dit pour prendre le ballon. Il en aime une autre.

Jade, c'était la plus belle fille de l'école et mon amoureuse en primaire, vers le CM1-CM2. Nous avions chacun un messager qui faisait passer nos lettres. À force d'échanges, ils ont fini par sortir ensemble aussi, et nous sommes devenus un groupe de quatre amoureux.
Christophe

Toi aussi tu as ton diplôme de mon meilleur petit copain !!!!

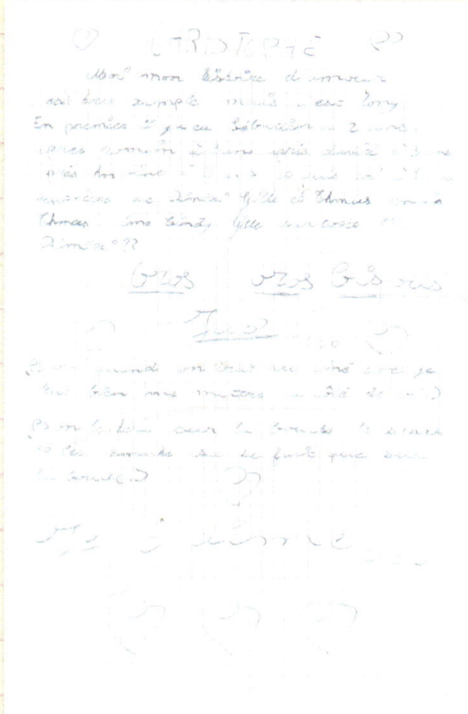

Moi, mon histoire d'amour, c'est tout simple mais c'est long. En premier, il y a eu Sébastien à 2 ans, après Romain à 3 ans, après David à 3 ans, après Antoine à 9 ans et puis toi à 10 ans. Peut-être que Dimitri, Gilles et Thomas mais Thomas aime Cindy, Gilles Charlotte et Dimitri ??

Gros gros bisous,

Jade

(P.S. : oui, quand on irait au ciné, je veux bien me mettre à côté de toi)

(P.S. : on le fera sur la bouche le smack, et les smacks ça se fait que sur la bouche).

Je t'aime

J'ai vraiment besoin d'amour
Pourquoi tu ne m'aimes pas ?
Réponse : il m'aime un peu

C'est une lettre que j'ai reçue de mon admirateur de primaire. Il habitait dans ma rue et nous étions dans la même classe. Malheureusement pour lui, et malgré ses déclarations passionnées, ça n'était pas réciproque. Un jour, il est venu m'appeler en bas de la fenêtre. Mon père, qui passait la tondeuse, a eu beau lui dire que je ne descendrais probablement pas, il a continué pendant plusieurs heures…

Laura

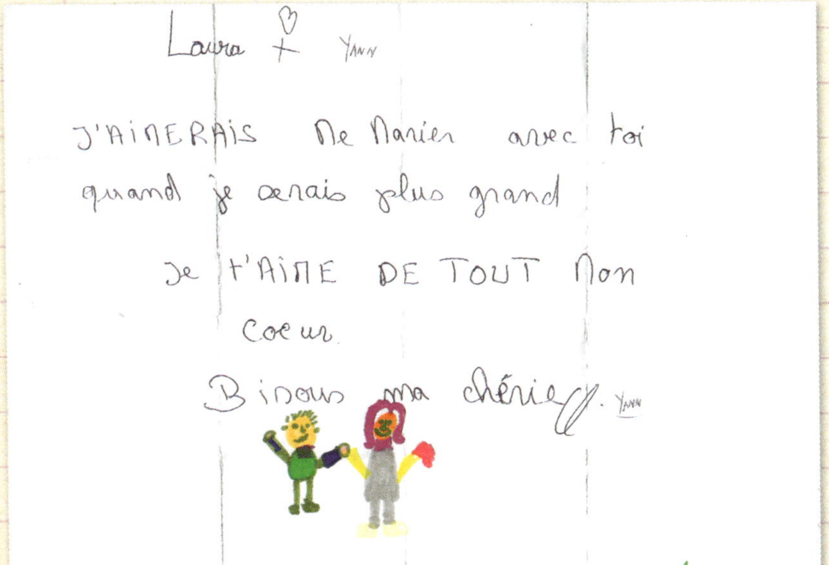

Laura + YANN

J'AIMERAIS Me Marier avec toi
quand je serais plus grand

Je t'AIME DE TOUT Mon
Coeur

Bisous ma chérie
YANN

J'aimerais me marier avec toi quand je serai plus grand. Je t'aime de tout mon cœur. Bisous ma chérie.

Lettre interceptée par une professeure.

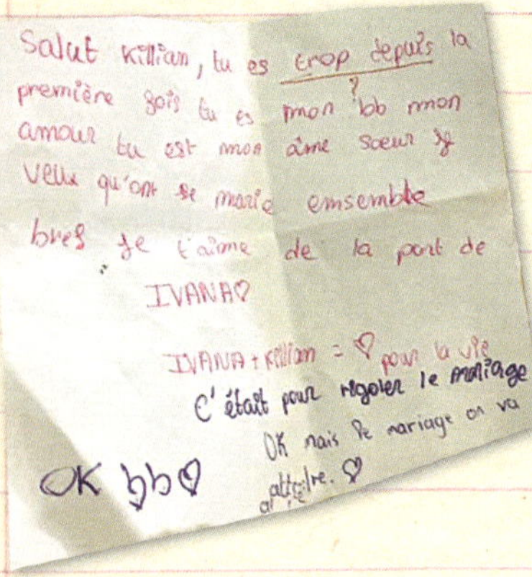
Salut Killian, tu es trop depuis la
première fois tu es mon bb mon
amour tu est mon âme soeur je
veux qu'on se marie ensemble
bref je t'aime de la part de
IVANA♡
IVANA + Killian = ♡ pour la vie
C'était pour rigoler le mariage
OK mais le mariage on va
attendre. ♡
OK bb♡

Salut Killian, tu es trop depuis la première fois, tu es mon bébé, mon amour, tu es mon âme sœur, je veux qu'on se marie ensemble. Bref, je t'aime de la part de Ivana
OK mais le mariage on va attendre
C'était pour rigoler le mariage
OK bébé

écoute timéo je
té quiter comme
tu nes pas proche
de moi voila
pour quoi je te
quiter Lyna.

Écoute Timéo, je t'ai quitté comme tu n'es pas proche de moi, voilà pourquoi je t'ai quitté.
Lyna, 7 ans.

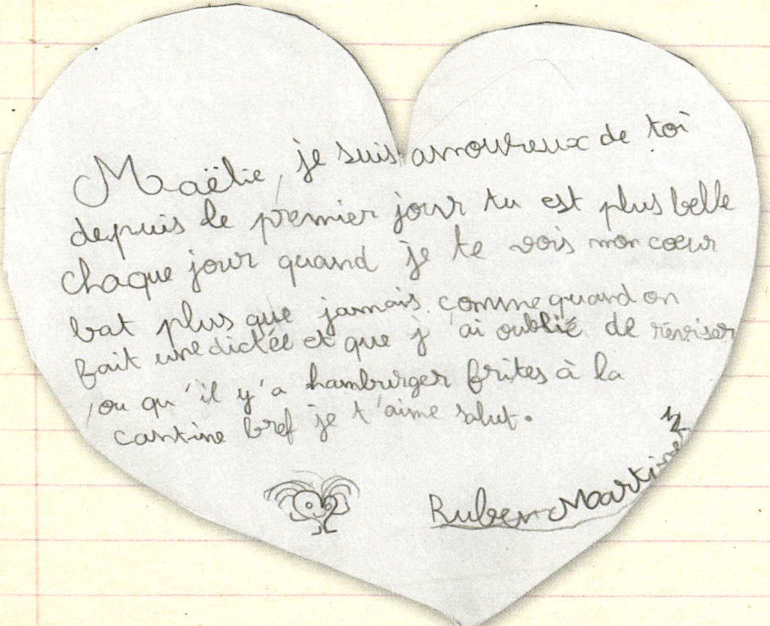
Maëlie, je suis amoureux de toi
depuis le premier jour tu est plus belle
chaque jour quand je te vois mon coeur
bat plus que jamais comme quand on
fait une dictée et que j'ai oublié de réviser
ou qu'il y'a hamburger frites à la
cantine bref je t'aime salut.
Ruben

Maëlie, je suis amoureux de toi depuis le premier jour. Tu es plus belle chaque jour. Quand je te vois, mon cœur bat plus que jamais, comme quand on fait une dictée et que j'ai oublié de réviser ou qu'il y a hamburger frites à la cantine. Bref, je t'aime, salut.
Ruben, 9 ans

En maternelle, j'étais amoureux de Mélissa. Nous sommes restés ensemble jusqu'à la grande section puis elle a déménagé, ce qui m'a rendu vraiment triste. J'étais encore très attachée à elle, et j'ai décidé de lui écrire des lettres (que je n'ai apparemment jamais envoyées). Je suis allé la voir quelques fois dans sa nouvelle maison, et nous avons fini par ne plus être amoureux.

Maxime

J'aimerais te voir le plus vite possible. Si tu tiens le coup, c'est bien. On ne se voit pas très souvent mais je t'écrirai le temps qu'il faudra, enfin je veux dire tout le temps.

quand je serai chez toi tu pourras me fair fe visiter
ta maison tu as grandi telment que je suis plus amoureux
dans mon cœur j'ai une grosse surprise pour toi
j'éspère que tu ne m'oublieras pas mais moi non.
j'éspère que la surprise tu l'aimeras bien et que
les chose que je t'ai ofair tu les gardes sur
toi

Maxime ♡

Quand je serai chez toi, tu pourras me faire visiter ta maison ? Tu as grandi tellement que je suis plus amoureux dans mon cœur. J'ai une grosse surprise pour toi. J'espère que tu ne m'oublieras pas, moi non. J'espère que la surprise, tu l'aimeras bien et que les choses que je t'ai offertes, tu les gardes sur toi.

je suis fou amoureux de toi je t'aime très fort plus que
jamais ton cœur conte plus que le mien.
j'éspère que tu t'amusera bien dans ta vie
avec ce que tu aime.

Maxime ♡

Je suis fou amoureux de toi, je t'aime très fort. Plus que jamais ton cœur compte plus que le mien. J'espère que tu t'amuseras bien dans ta vie avec ce que tu aimes.

Rodolphe et moi avons été « en couple » de nos 3 à nos 8 ans. Après treize ans sans nouvelles, j'ai finalement retrouvé son numéro de téléphone. Quelques messages plus tard, nous avons décidé de nous revoir. J'étais super impatiente. Quand il est arrivé au point de rendez-vous, à Paris, je ne l'ai pas reconnu. Puis tout s'est enchaîné. Balade, verre, longue discussion jusqu'à un baiser magique dans un parc. Nous nous sommes revus le lendemain et je suis rentrée chez moi, à Bordeaux. Trois semaines plus tard, il est revenu me voir le temps d'un week-end. Je me disais que notre histoire était digne d'un film romantique, où l'héroïne retrouve son amour d'enfance et passe sa vie avec lui. Mais nous nous sommes rendu compte que nous avions quelques problèmes à régler et que, ensemble, ce serait compliqué. Aujourd'hui, je suis en couple et lui aussi, mais nous sommes toujours très amis.

Juliette

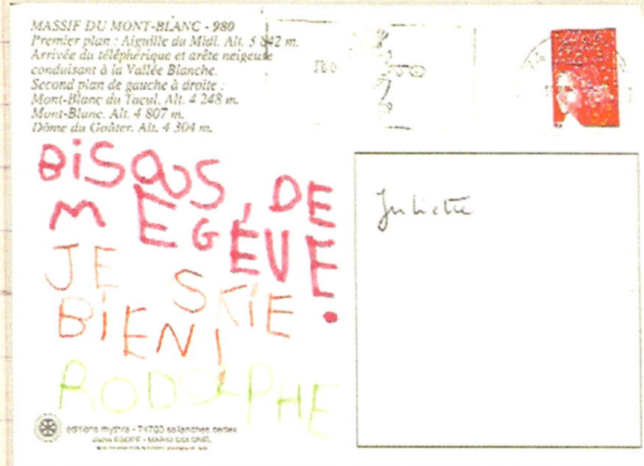

Bisous de Megève.
Je skie bien !

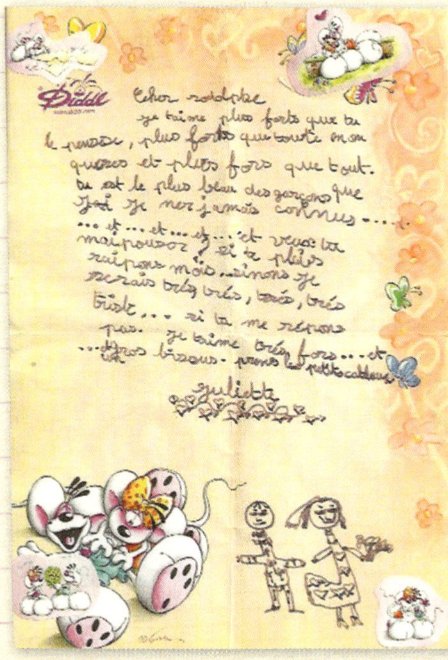

Cher Rodolphe,
Je t'aime plus fort que tu le penses, plus fort que tout et mon cœur est plus fort que tout. Tu es le plus beau des garçons que j'aie jamais connus... et... et... et... et veux-tu m'épouser ? S'il te plaît réponds-moi, sinon je serai très, très, très, très triste... Si tu me réponds pas. Je t'aime très fort... Et gros bisous. Prends les petits cadeaux.
Juliette

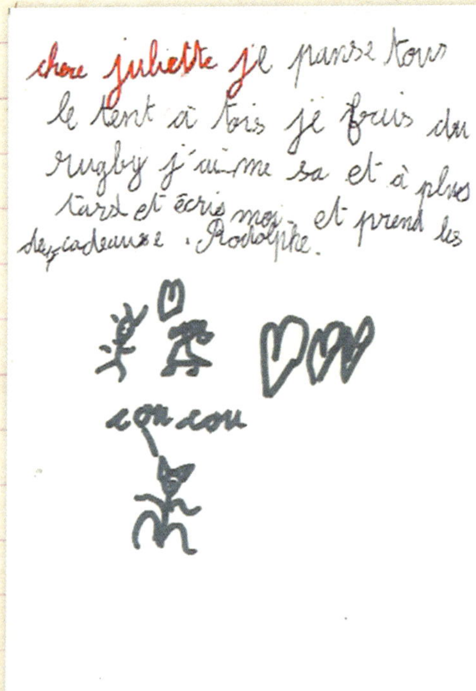

Chère Juliette,
Je pense tout le temps à toi. Je fais du rugby, j'aime ça et à plus tard et écris-moi et prends les deux cadeaux.

Margaux, tu as les yeux en bijou, une petite bouche et des joues remplies de fosettes et un menton à manger comme un cordon-bleu.

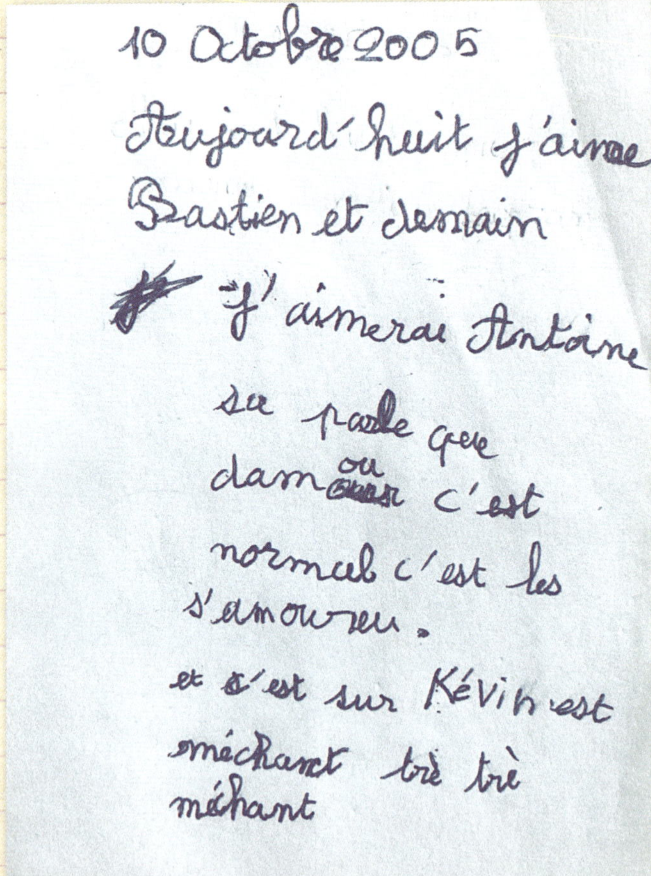

10 Octobre 2005

Aujourd'huit j'aime
Bastien et demain
j'aimerai Antoine
sa parle que
damour c'est
normal c'est les
s'amoureu.
et c'est sur Kévin est
méchant trè trè
méchant

Aujourd'hui, j'aime Bastien et demain j'aimerai Antoine. Ça parle que d'amour, c'est normal, c'est les amoureux. Et c'est sûr Kevin est méchant très très méchant.

Léa, 7 ans

J'étais en CM2, c'était le dernier jour de l'école. Maxime et moi pensions nous embrasser pour la première fois au square, mais il est rentré chez lui plus tôt que prévu. Comme je voulais mon bisou, j'ai essayé de retrouver son adresse dans notre quartier, sans succès. Il m'a donc envoyé cette lettre avec une fausse fleur pour s'excuser.

Marie

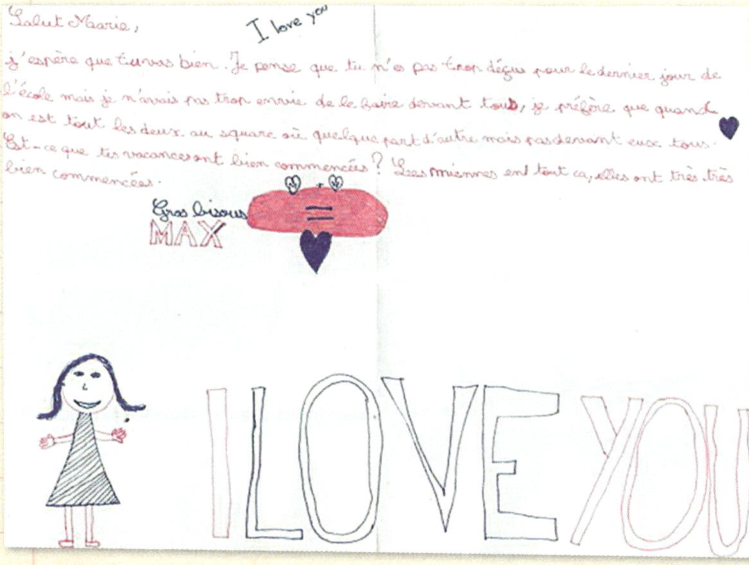

Salut Marie, j'espère que tu vas bien. Je pense que tu n'es pas trop déçue pour le dernier jour de l'école mais je n'avais pas trop envie de le faire devant tous, je préfère quand on est tous les deux au square ou quelque part d'autre mais pas devant eux tous. Est-ce que tes vacances ont bien commencé ? Les miennes en tout cas, elles ont très très bien commencé.
Gros bisous,
Max

Apparemment, Melvin, mon fils de 7 ans, n'était pas seul sur le coup. Face à son « rival », il a décidé d'écrire une lettre en premier !

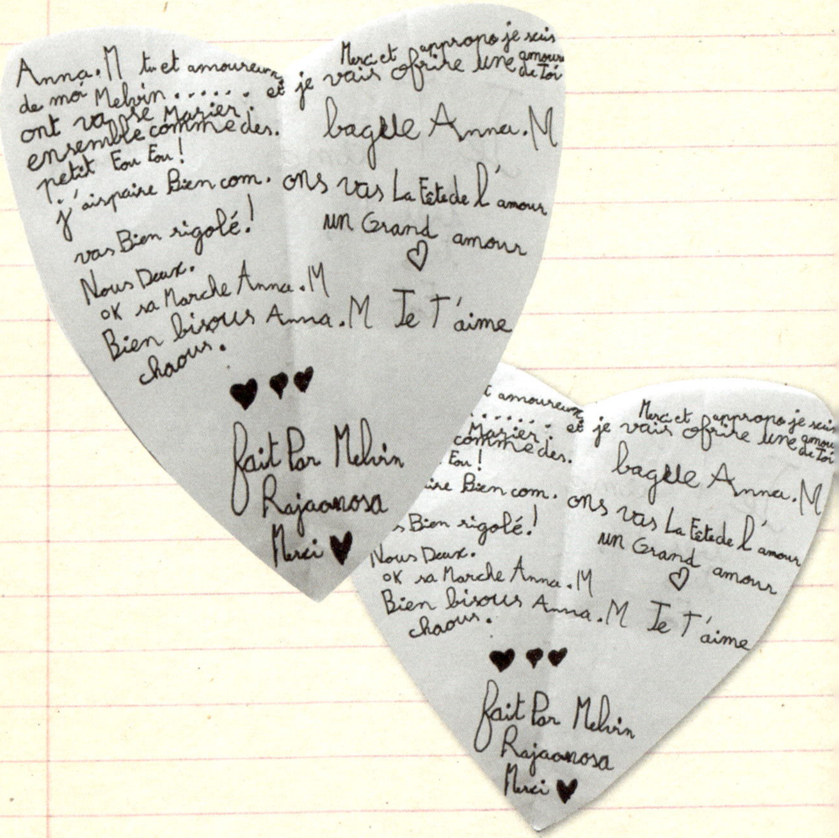

Anna M. Tu es amoureuse de moi Melvin.... On va se marier ensemble comme des petits foufous. J'espère bien qu'on va bien rigoler nous deux ! Ok ça marche Anna M. Bien bisous Anna M. Je t'aime. Merci et à propos je suis amoureux de toi et je vais offrir une bague Anna M. On va faire la fête de l'amour, un grand amour.

Un camarade qui m'aimait bien m'a envoyé cette lettre… Mais l'amour n'était pas réciproque. Il m'écrivait, mais m'embêtait souvent et je ne l'appréciais pas vraiment. Dans un courrier, je lui avais écrit : « Je ne t'aime pas mais tu peux continuer à m'envoyer des lettres ! » Nous avions entre 7 et 9 ans.

Laura

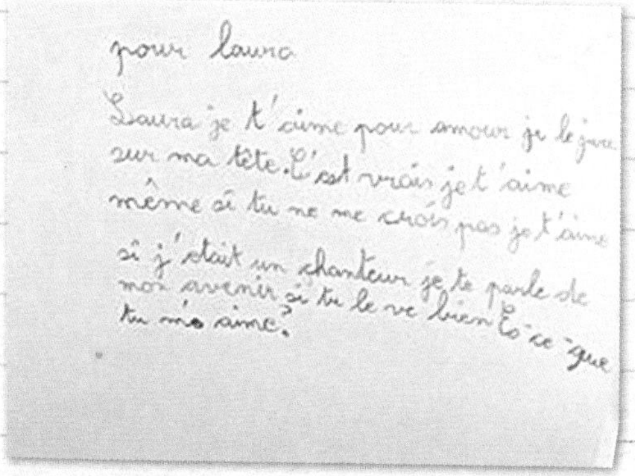

pour laura

Laura je t'aime pour amour je le jure sur ma tête. C'est vrais je t'aime même si tu ne me crois pas je t'aime si j'était un chanteur je te parle de mon avenir si tu le ve bien Es-ce que tu m'o aime ?

Pour Laura
Laura je t'aime par amour je le jure sur ma tête. C'est vrai je t'aime même si tu ne me crois pas. Je t'aime. Si j'étais un chanteur, je te parle de mon avenir, si tu le veux bien. Est-ce que tu m'aimes ?

J'étais en quatrième quand j'ai reçu cette lettre. C'était un garçon de ma classe, très discret, qui était venu me la donner dans une enveloppe accompagnée d'un origami en forme de cœur. Il m'avait demandé de l'ouvrir une fois seule. J'étais donc allée dans les toilettes avec une copine pour la lire en secret. Je lui avais écrit le lendemain pour lui dire que je ne voulais pas sortir avec lui mais que je voulais bien qu'on soit amis. Par la suite, il est rentré tous les soirs avec moi dans le bus, toujours sans trop parler car nos autres copains étaient, eux, très bruyants et bavards !

Perrine

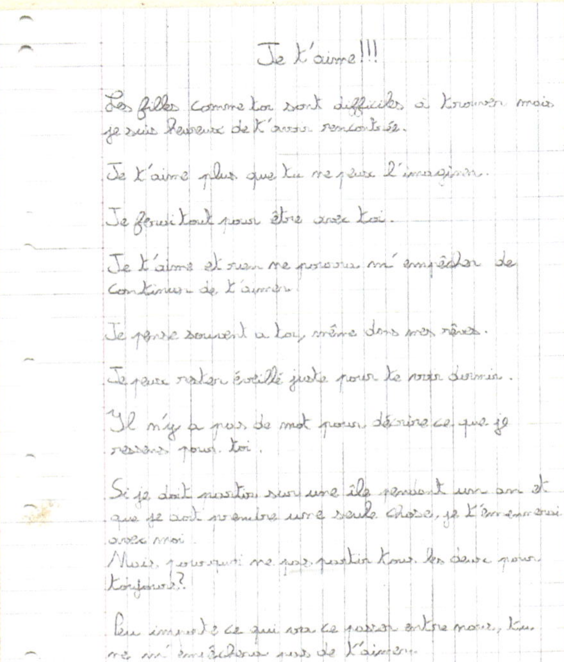

Je t'aime!!!

Les filles comme toi sont difficiles à trouver mais je suis heureux de t'avoir rencontrée.

Je t'aime plus que tu ne peux l'imaginer.

Je ferai tout pour être avec toi.

Je t'aime et rien ne pourra m'empêcher de continuer de t'aimer.

Je pense souvent à toi, même dans mes rêves.

Je peux rester éveillé juste pour te voir dormir.

Il n'y a pas de mot pour décrire ce que je ressens pour toi.

Si je doit partir sur une île pendant un an et que je doit prendre une seule chose, je t'emmenerai avec moi.
Mais, pourquoi ne pas partir tous les deux pour toujours?

Peu importe ce qui va se passer entre nous, tu ne m'empêchera pas de t'aimer.

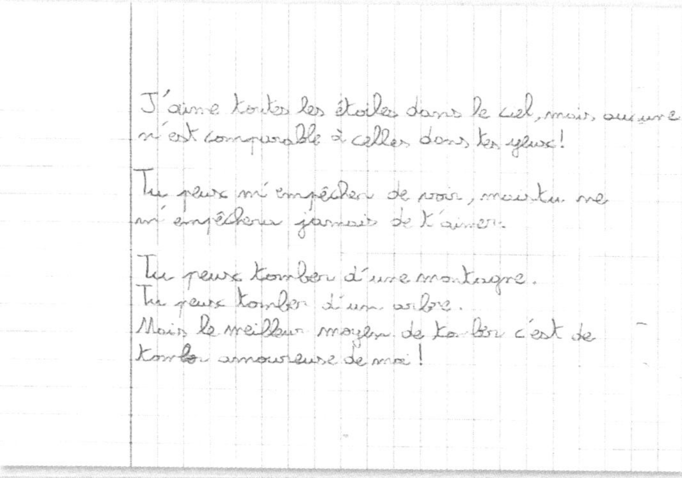
J'aime toutes les étoiles dans le ciel, mais aucune
n'est comparable à celles dans tes yeux!

Tu peux m'empêcher de voir, mais tu ne
m'empêcheras jamais de t'aimer.

Tu peux tomber d'une montagne.
Tu peux tomber d'un arbre.
Mais le meilleur moyen de tomber c'est de
tomber amoureuse de moi!

Je t'aime !!!
Les filles comme toi sont difficiles à trouver mais je suis heureux de t'avoir rencontrée. Je t'aime plus que tu ne peux l'imaginer.
Je ferais tout pour être avec toi.
Je t'aime et rien ne pourra m'empêcher de continuer à t'aimer.
Je pense souvent à toi, même dans mes rêves.
Je peux rester éveillé juste pour te voir dormir.
Il n'y a pas de mot pour décrire ce que je ressens pour toi.
Si je dois partir sur une île pendant un an et que je dois prendre une seule chose, je t'emmènerai avec moi.
Mais pourquoi ne pas partir tous les deux pour toujours ?
Peu importe ce qui va se passer entre nous, tu ne m'empêcheras pas de t'aimer. J'aime toutes les étoiles dans le ciel mais aucune n'est comparable à celles dans tes yeux !
Tu peux m'empêcher de te voir mais tu ne m'empêcheras pas de t'aimer.
Tu peux tomber d'une montagne.
Tu peux tomber d'un arbre.
Mais le meilleur moyen de tomber, c'est de tomber amoureuse de moi !

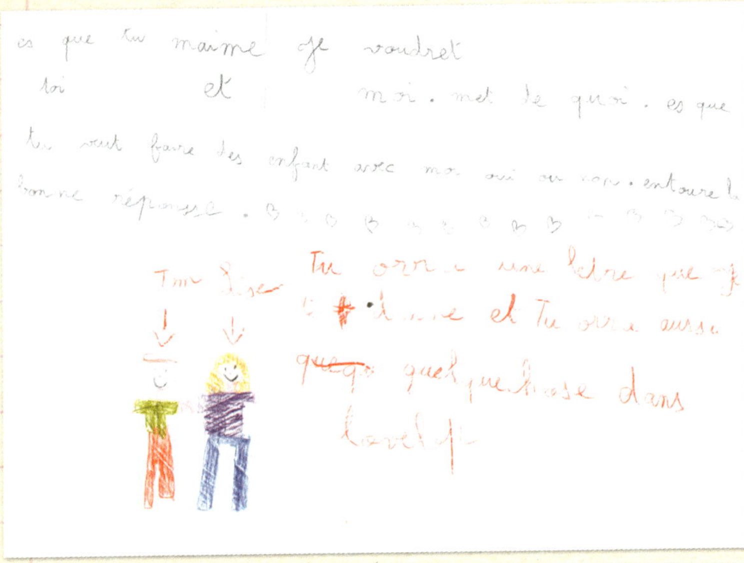

- Est ce que tu m'aimes ?
- Je voudrais toi et moi.
- Mais de quoi
- Est-ce que tu veux faire des enfants avec moi, oui ou non ? Entoure la bonne réponse.

Tu auras une lettre que je te donnes et tu auras aussi quelque chose dans l'enveloppe.

De Lise à Tom, 7 ans

Nicolas et moi avons été amoureux par intermittence du CM2 au lycée. Nous sommes toujours bons amis aujourd'hui !
Claire

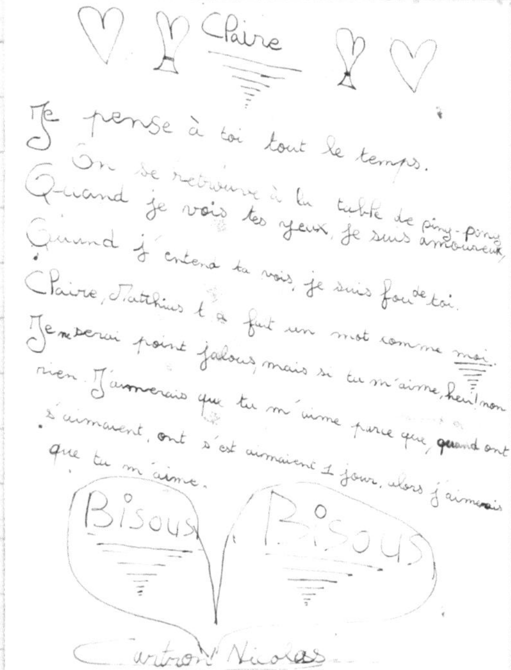
Claire
Je pense à toi tout le temps.
On se retrouve à la table de ping-pong
Quand je vois tes yeux, je suis amoureux,
Quand j'entend ta vois, je suis fou de toi.
Claire, Matthias t'a fait un mot comme moi.
Je ne serai point jalous, mais si tu m'aime, hein! non
rien. J'aimerais que tu m'aime parce que, quand ont
s'aimaient, ont s'est aimaient 1 jour, alors j'aimerais
que tu m'aime.
Bisous
Bisous
Nicolas

Claire, je pense à toi tout le temps. On se retrouve à la table de ping-pong. Quand je vois tes yeux, je suis amoureux, quand j'entends ta voix, je suis fou de toi. Claire, Matthias t'a fait un mot comme moi. Je ne serai point jaloux mais si tu m'aimes hein ! Non Rien. J'aimerais que tu m'aimes parce que quand on s'aimait, on s'est aimé un jour, alors j'aimerais que tu m'aimes.

Un petit mot oublié dans ma voiture par mon fils Célian, 9 ans, le jour de la Saint-Valentin 2015.

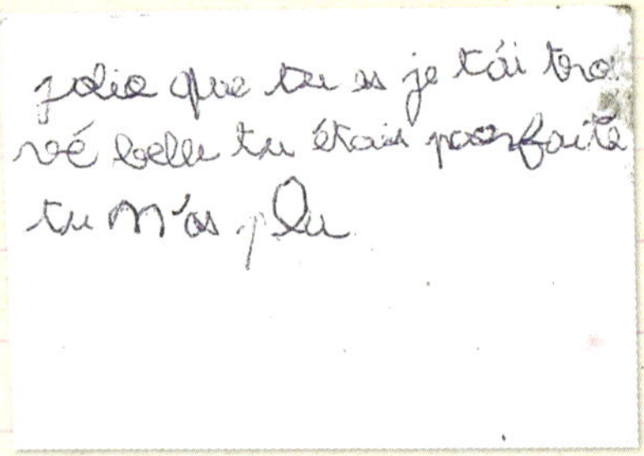
jolie que tu es je tái tro
vé belle tu étais parfaite
tu m'as plu

Jolie que tu es, je t'ai trouvée belle, tu étais parfaite, tu m'as plu.

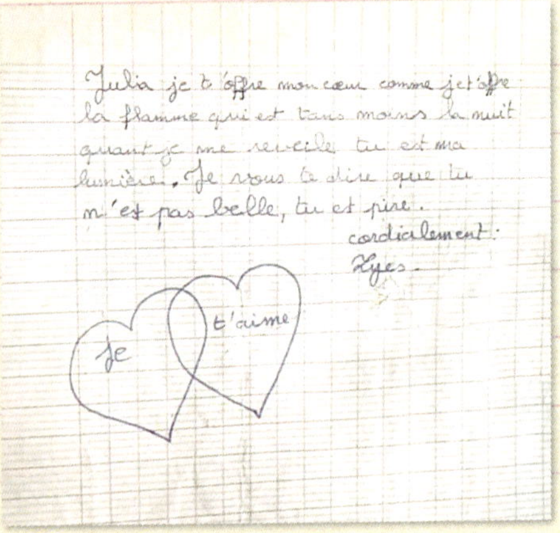
Julia je t'offre mon cœur comme je t'offre
la flamme qui est tans moins la nuit
quant je me reveile tu est ma
lumière. Je vous te dire que tu
n'est pas belle, tu est pire.
cordialement.
Lyes.

Julia, je t'offre mon cœur comme je t'offre la flamme qui est en moi. La nuit quand je me réveille tu es ma lumière. Je veux te dire que tu n'es pas belle, tu es pire.
Cordialement
Lyes

Nous avions environ 7 et 9 ans. Loren était la plus jolie fille de l'école et la première de la classe. Un amour impossible car je préférais la bagarre et le foot aux filles…
Guillaume

Guillaume je t'aime parce que tu es très gentil, tu me fais rire, tu es très beau, encore plus beau que tout le monde. Je suis folle de toi.

J'avais 10 ans. Alexandre était un mec moche comme un pou de 11 ans, que j'ai rencontré lors d'une colonie « stage d'orchestre ». Il voulait sortir avec Lou, qui était trop populaire pour lui, et s'était donc rabattu sur moi. Moi, je voulais sortir avec un autre garçon trop vieux et trop populaire pour moi, donc je m'étais aussi rabattue sur lui. Nous avons vécu une histoire platonique à distance le temps de quelques lettres et coups de fil…
Morgane

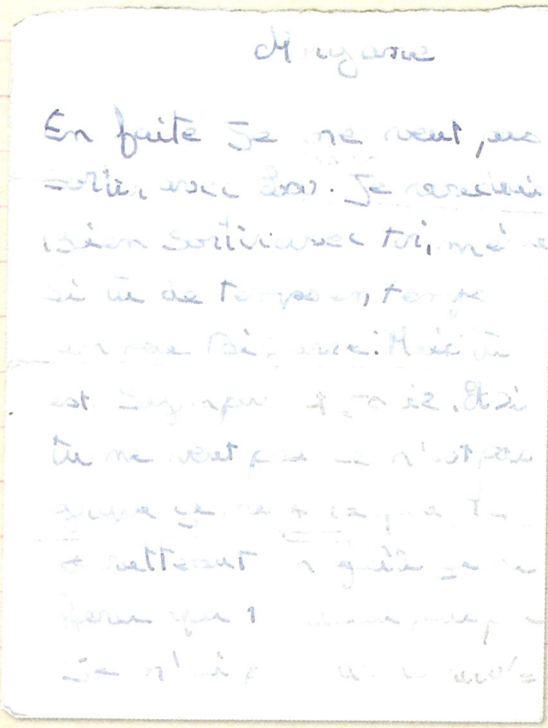
Morgane

En faite Je ne veut pas
sortir avec Lou. Je [illegible]
[illegible]

En fait, je ne veux pas sortir avec Lou. Je voudrais bien sortir avec toi, même si tu es de temps en temps un peu bizarre. Mais tu es sympa et jolie. Et si tu ne veux pas, ce n'est pas grave, ça ne fera que le deuxième râteau, en fait ça ne fera que un râteau puisque je n'ai pas demandé à Lou de sortir avec moi. Je lui ai juste dit que je la kiffais. Et si tu ne veux pas, dis-moi pourquoi. Salut.

Quand je suis entrée en sixième, j'avais 10 ans et demi et je suçais encore mon pouce. Arnau, comme presque tous ceux de ma classe, était un « grand » (un an et demi de plus que moi, wow !). Avec son pote Franck et ma copine Sophie, nous avons vite formé un quatuor, mais seuls Arnau et moi avons franchi le pas... Nous sommes « sortis ensemble » pendant cinq mois, avons fait un faux mariage avec des bagues fantaisie achetées dans les distributeurs de l'époque, avons profité de tout ce que nous offraient les années 1980 : le film Ghostbusters et ses produits dérivés, les milk-shakes à la banane, les pailles doubles pour boire à deux... Puis, Arnau est devenu plus... libidineux. Il installait des clémentines sous mon t-shirt afin de peloter les seins que je n'avais pas... Franck et Arnau se sont mis à traîner avec des filles plus mûres, alors nous les avons largués. Je n'ai plus jamais sucé mon pouce.

Julie

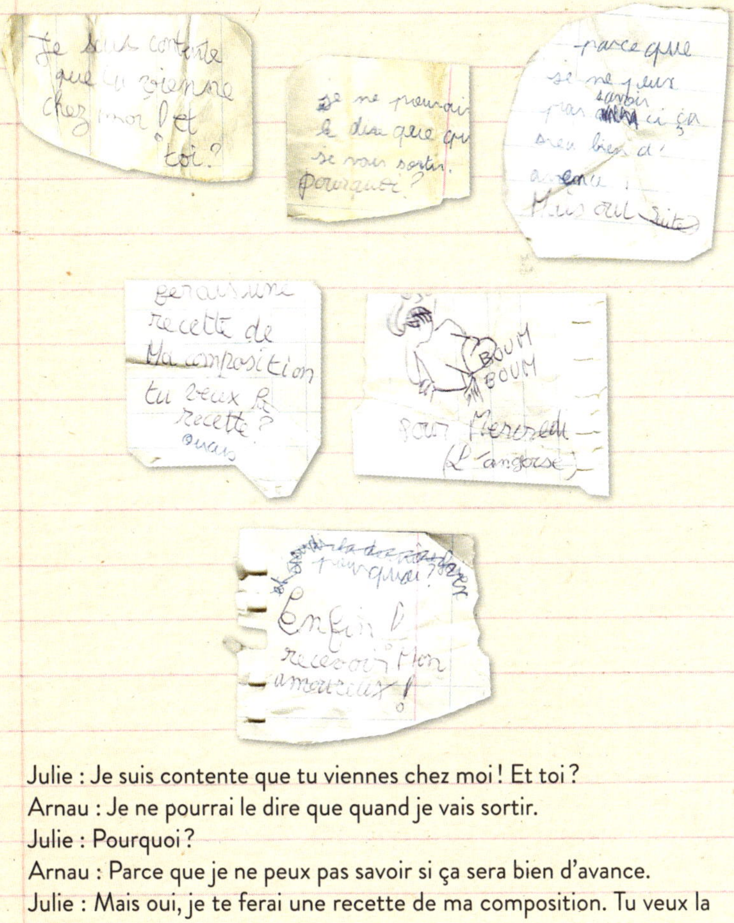

Julie : Je suis contente que tu viennes chez moi ! Et toi ?
Arnau : Je ne pourrai le dire que quand je vais sortir.
Julie : Pourquoi ?
Arnau : Parce que je ne peux pas savoir si ça sera bien d'avance.
Julie : Mais oui, je te ferai une recette de ma composition. Tu veux la recette ?
Arnau : Ouais
Julie : Pour mercredi (l'angoisse)
Arnau : Pourquoi ?
Julie : Enfin ! Recevoir mon amoureux !

Missive interceptée par une éducatrice dans un centre de protection de l'enfance.

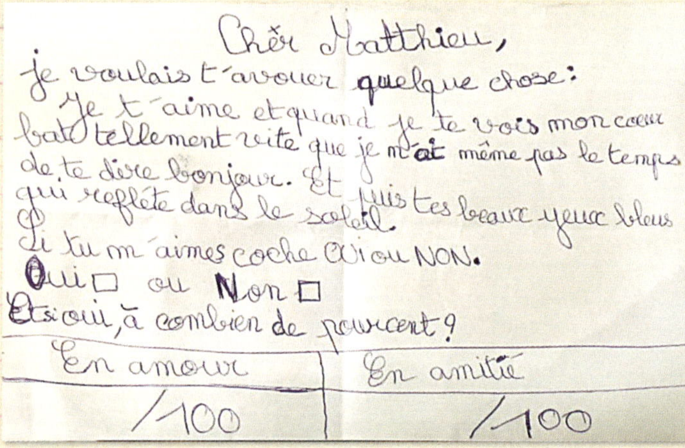
Chèr Matthieu,
je voulais t'avouer quelque chose:
Je t'aime et quand je te vois mon coeur
bat tellement vite que je n'ai même pas le temps
de te dire bonjour. Et puis tes beaux yeux bleus
qui refléte dans le soleil.
Si tu m'aimes coche OUI ou NON.
Oui ☐ ou Non ☐
Et si oui, à combien de pourcent?

En amour	En amitié
/100	/100

Cher Matthieu,
Je voulais t'avouer quelque chose :
Je t'aime et quand je te vois, mon cœur
bat tellement vite que je n'ai
même pas le temps de te dire bonjour.
Et puis tes beaux bleus qui se
reflètent dans le soleil.
Si m'aimes, coche OUI ou NON.
Et si oui, à combien de pourcent ?
En amour /100. En amitié/100.

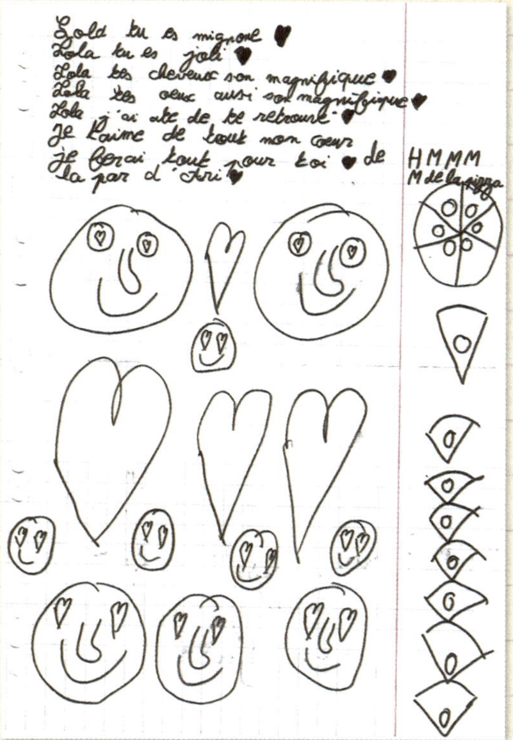

Lola tu es mignonne
Lola tu es jolie
Lola tes cheveux sont magnifiques
Lola tes yeux aussi sont magnifiques
Lola j'ai hâte de te retrouver
Je t'aime de tout mon cœur
Je ferais tout pour toi.
Hmmmmm de la pizza
De la part d'Ari

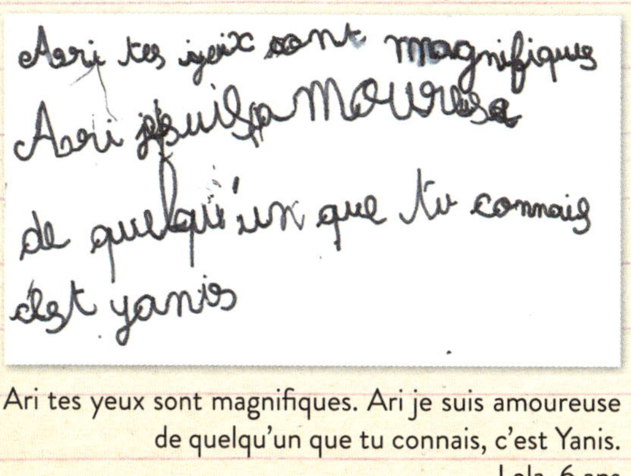

Ari tes yeux sont magnifiques. Ari je suis amoureuse de quelqu'un que tu connais, c'est Yanis.

Lola, 6 ans

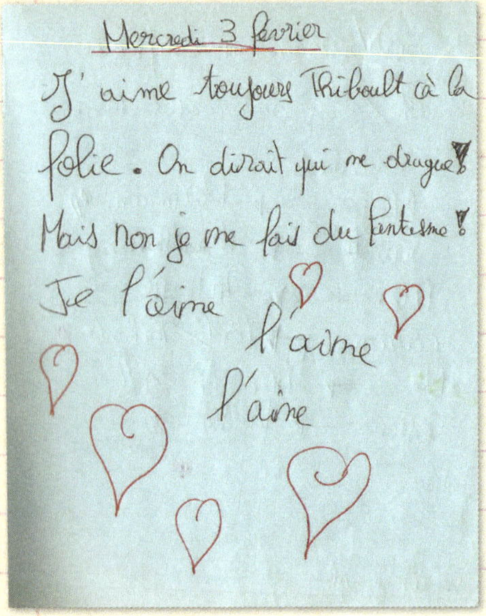

Mercredi 3 février
J'aime toujours Thibault à la
folie. On dirait qui me drague !
Mais non je me fais du fantasme !
Je l'aime
l'aime
l'aime

Mercredi 3 février
J'aime toujours Thibault à la folie. On dirait qu'il me drague ! Mais non je me fais du fantasme !
Je l'aime, l'aime, l'aime.

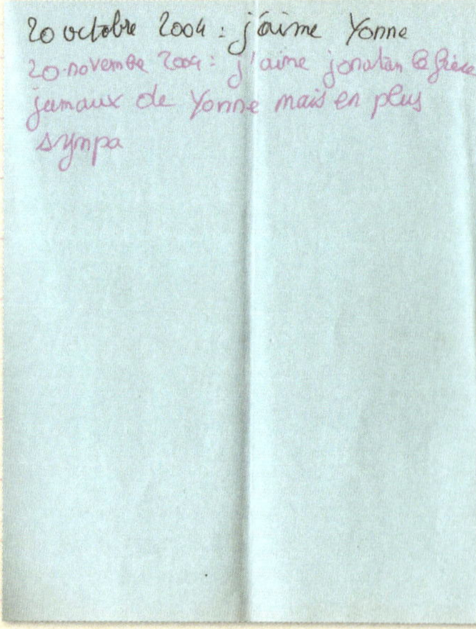

20 octobre 2004 : j'aime Yonne
20 novembre 2004 : J'aime jonatan le frère
jumaux de Yonne mais en plus
sympa

20 octobre 2004 :
J'aime Yonne.
20 novembre 2004 :
J'aime Jonatan le frère jumeau de Yonne mais en plus sympa.
Pauline, vers 11 ans

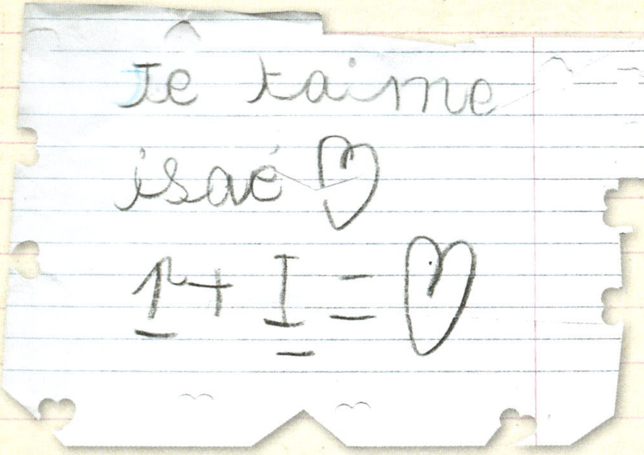

Je t'aime Isaé ❤
P + I = ❤

L'amour c'est ce qui rend
la vie meilleure.

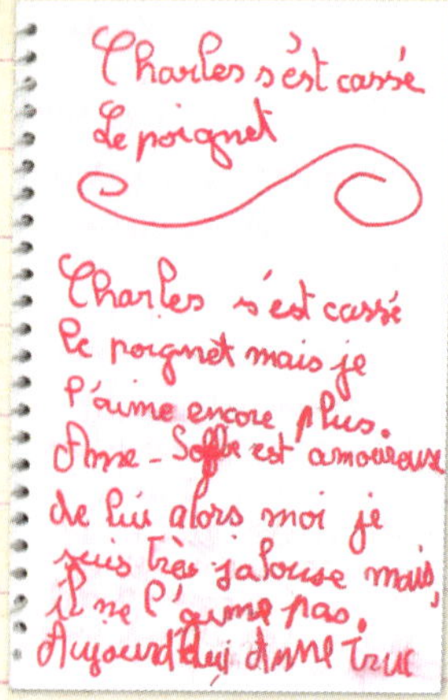
Charles s'est cassé
Le poignet

Charles s'est cassé
le poignet mais je
l'aime encore plus.
Anne-Soffie est amoureuse
de lui alors moi je
suis très jalouse mais
il ne l'aime pas.
Aujourd'hui Anne truc

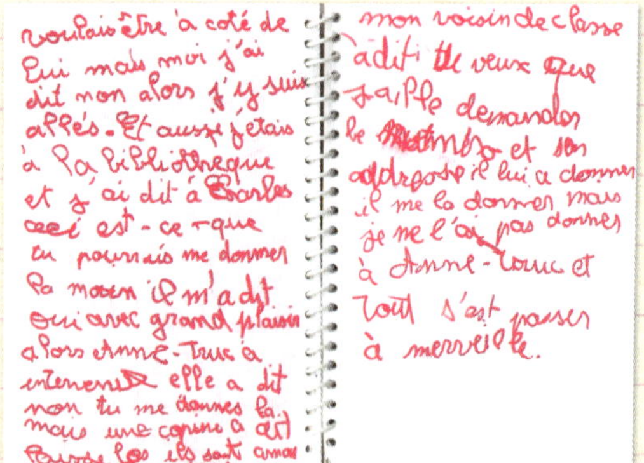
voulais être à coté de
lui mais moi j'ai
dit non alors j'y suis
allés. Et aussi j'étais
à la bibliothèque
et j'ai dit à Charles
est-ce-que
tu pourrais me donner
la main il m'a dit
oui avec grand plaisir
alors Anne-Truc a
intervenu elle a dit
non tu me donnes la
main une copine a dit
laisse les ils sont amour
un autre jour
mon voisin de classe
a dit tu veux que
j'aille demander
le numéro et son
addresse il lui a donner
il me la donner mais
je ne l'ai pas donner
à Anne-truc et
tout s'est passer
à merveille.

Charles s'est cassé le poignet mais je l'aime encore plus. Anne-Sophie est amoureuse de lui alors moi je suis très jalouse mais il ne l'aime pas. Aujourd'hui, Anne-truc voulait être à côté de lui mais j'ai dit non, alors j'y suis allée. Et aussi j'étais à la bibliothèque et j'ai dit à Charles « est-ce que tu pourrais me donner la main ? », il m'a dit « oui, avec grand plaisir », alors Anne-truc est intervenue, elle a dit « non, tu me donnes la main », une copine a dit « laisse-les, ils sont amoureux ». Un autre jour, mon voisin de classe a dit « Tu veux que j'aille demander le numéro et son adresse ? », il me l'a donné mais je ne l'ai pas donné à Anne-truc et tout s'est passé à merveille.

je t 'aime Charles

je t'äime mon amo-
ur, je t 'aime Charles

Comment aij -pu
aimer Charles ?

Je t'aime Charles
Je t'aime mon amour,
je t'aime Charles

Comment ai-je pu aimer Charles ?
Laurie, 8 ans environ

Julien* et moi étions dans la même classe depuis la maternelle. C'était mon meilleur copain et je ne comprenais pas bien la différence entre amour et amitié. Les grandes vacances approchaient. Il avait sauté une classe et je savais que j'allais le perdre de vue parce qu'il partait au collège. Il m'a alors confié être amoureux d'une autre fille, et je me suis dit qu'il fallait que j'avoue mes sentiments avant qu'il ne parte. Nous prenions le même bus alors je voulais lui donner au dernier moment. Évidemment, je ne l'ai pas fait. Finalement, nous nous sommes retrouvés dans le même collège l'année suivante et sommes restés longtemps amis.

* Le prénom a été changé.

Mon cœur s'est fendillé quand tu m'as dit pour Sterenn et il s'est envolé quand j'ai compris que jamais ce ne serait possible.
Jamais je ne penserai plus à toi, jamais jamais...

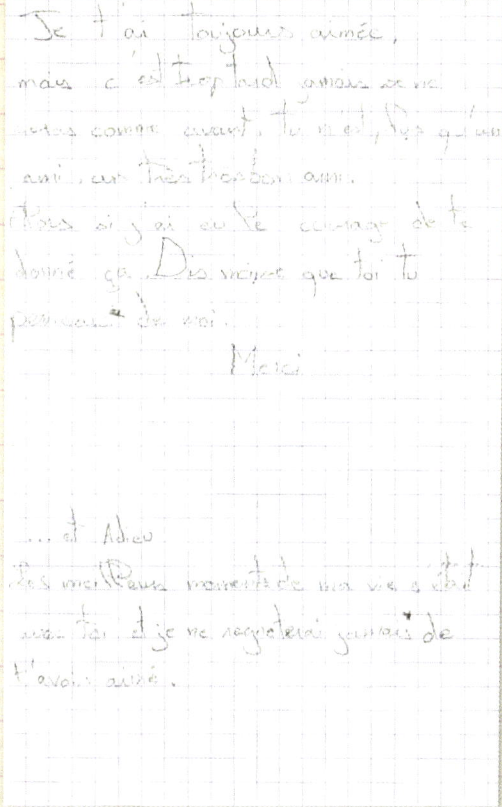

Je t'ai toujours aimé mais c'est trop tard, jamais ce ne sera comme avant. Tu n'es plus qu'un ami, un très très bon ami. Alors si j'ai eu le courage de te donner ça, dis-moi ce que toi tu pensais de moi.
Merci,
... et adieu
Les meilleurs moments de ma vie, c'était avec toi et je ne regretterai jamais de t'avoir aimé.

Arnold et Loïc étaient meilleurs amis. Arnold, lui, était mon amoureux depuis la maternelle, mais un jour, en CM1... coup de foudre ! Mon cœur s'est emballé et je suis tombée amoureuse de Loïc. Des dizaines de mots d'amour s'ensuivirent, où les deux me suppliaient de faire un choix : Arnold ou Loïc, il fallait trancher ! Impossible, mon cœur balançait entre les deux. Et puis l'histoire s'est arrêtée à l'entrée du collège, où nous sommes allés dans des établissements différents.

Louise

Est-ce que tu m'aimes ? Amitié (meilleur copain)
À combien de pourcent ? Amitié (meilleur copain)
Qui aimes-tu ? Loïc
Louise, ne trouves-tu pas que Loïc se fout un peu de ta tête ? Un jour il t'aime, un jour il ne sait plus s'il t'aime. Et il fait tout pour que vous vous disputiez. Il te traite de toutes sortes de gros mots. Surtout ne lui dis rien de ce que je viens de te dire, sinon, je serai mort.

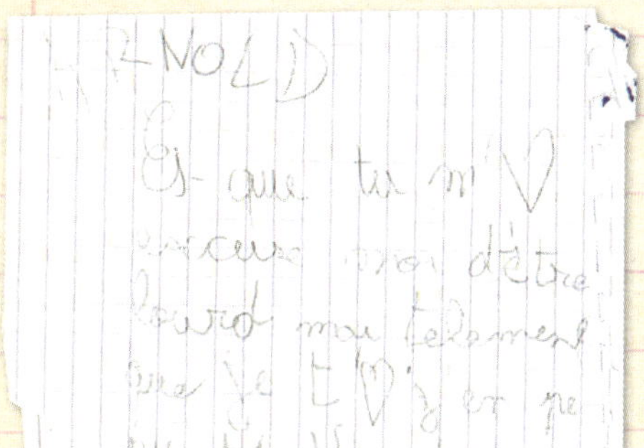

Est-ce que tu m'aimes ? Excuse-moi d'être lourd mais tellement que je t'aime j'en peux plus d'attendre.

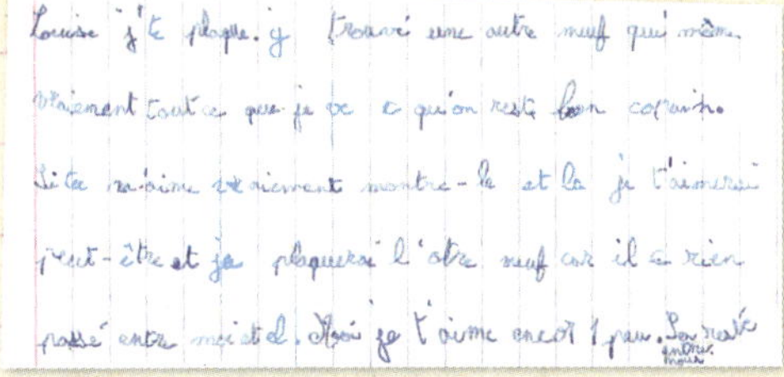

Louise j'te plaque. j trouvé une autre meuf qui m'aime vraiment tout ce que je ve c qu'on reste bon copain. Si tu m'aime vraiment montre-le et la je t'aimerai peut-être et je plaquerai l'otre meuf car il a rien passé entre moi et el. Moi je t'aime encor 1 peu. Sa reste entre nous

Louise, j'te plaque. J'ai trouvé une autre meuf qui m'aime vraiment. Tout ce que je veux c'est qu'on reste bons copains. Si tu m'aimes vraiment, montre-le et là je t'aimerai peut-être et je plaquerai l'autre meuf, car il s'est rien passé entre moi et elle. Moi je t'aime encore un peu. Ça reste entre nous.

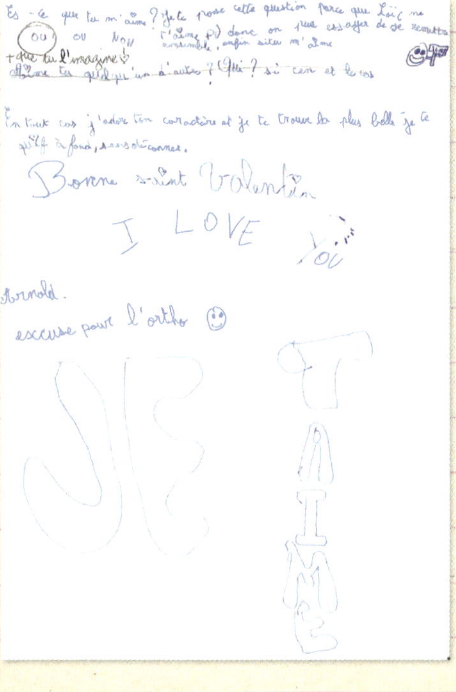

Es-ce que tu m'aime ? Je te pose cette question parce que Loïc ne t'aime pl donc on peut essayer de se remettre ensemble, enfin si tu m'aime

OU ou NON

+ que tu l'imagine

En tout cas j'adore ton caractère et je te trouve la plus belle je te kiff à fond, sans déconner.

Bonne saint Valentin

I LOVE YOU

Arnold.

excuse pour l'ortho

JE T'AIME

Est-ce que tu m'aimes ? Je te pose cette question parce que Loïc ne t'aime plus donc on peut essayer de se remettre ensemble, enfin si tu m'aimes. En tout cas j'adore ton caractère et je te trouve la plus belle, je te kiffe à fond, sans déconner.

Je sais que tu m'aimes plus et que tu aimes Arnold. Moi je t'aime grave.

Tous les deux en amoureux.

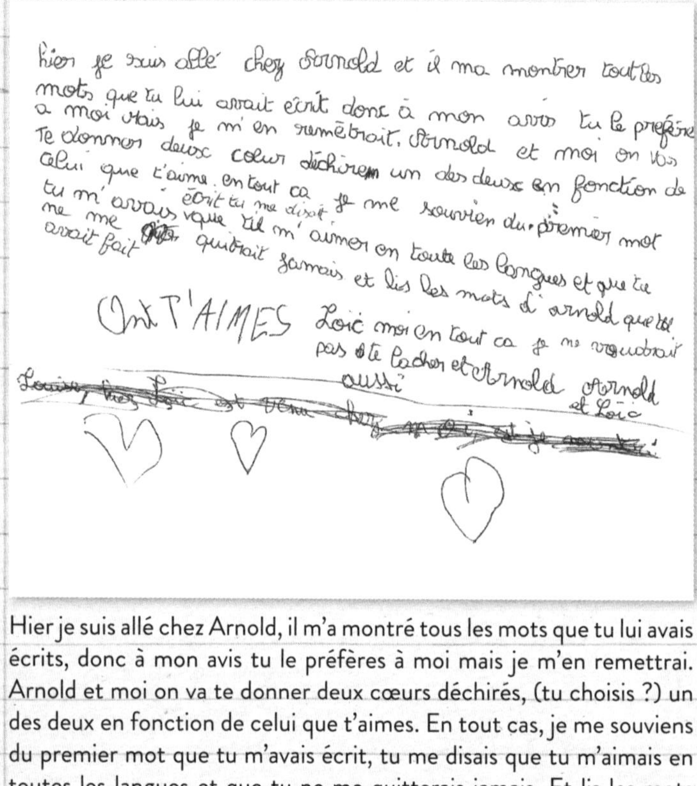

Hier je suis allé chez Arnold, il m'a montré tous les mots que tu lui avais écrits, donc à mon avis tu le préfères à moi mais je m'en remettrai. Arnold et moi on va te donner deux cœurs déchirés, (tu choisis ?) un des deux en fonction de celui que t'aimes. En tout cas, je me souviens du premier mot que tu m'avais écrit, tu me disais que tu m'aimais en toutes les langues et que tu ne me quitterais jamais. Et lis les mots d'Arnold que tu avais faits. Moi en tout cas je ne voudrais pas te lâcher et Arnold aussi.

Lettre reçue de la part d'Anthony par Manon, 9 ans, et conservée dans son journal intime

Manon, belle Manon que j'aime
Fais-moi signe si tu m'aimes
(illisible)
Je t'aime

Antony m'aime mais pas moi. Il m'a envoyé une lettre, elle est jolie. Il m'a aussi envoyé un dessin, une licorne.
P.S. : elle n'est pas comme ça

François, c'était mon amoureux de l'école primaire. Ce n'était pas le premier car, grande romantique, j'avais déjà eu la chance d'embrasser Adrien quand j'avais 3 ans (surprise par mes parents sous la nappe de la table du salon).

Pour François, les choses ont pris plus de temps. À la rentrée de CP, toutes les filles couraient après Loïc, mais c'est François, plus timide, qui a attiré mon attention. Très vite, nous nous sommes déclarés officiellement amoureux. Il me parlait souvent d'un bisou mais j'avais peur de ne pas savoir l'embrasser, et surtout je ne savais pas à quelle occasion le faire. Pour lui dire bonjour ? Merci ? T'es beau ? Trop compliqué... Mais sans bisous, nous n'étions pas un vrai couple. Comment faire, alors ? Dans la cour de récréation, les bisous étaient interdits et les maîtresses ne laissaient rien passer. J'ai donc inventé un jeu. J'ai rassemblé Julie, Magali, Pierre-Antoine, Farid et François. Les filles devaient aller dans les toilettes des garçons (où les maîtresses n'allaient pas) et fermer les yeux. Les garçons devaient rentrer et, s'ils trouvaient leur amoureuse, l'embrasser. Ils avaient une chance sur trois de réussir mais des essais illimités ! Mon bisou était assuré et, en plus, je n'avais rien à faire ! À partir de ce moment-là, nous nous sommes embrassés matin, midi et soir. Nous avons remporté le concours de bisous secrets (64 au total) dans la journée, tout cela sans que les maîtresses ne nous voient ! En sixième, j'ai appris que François sortait avec une autre fille... Ma première rupture. Aujourd'hui, nous sommes toujours amis.

Flavie

Pour Flavie. Je pense à toi et je veux bien te faire un bisou parce qu'en CM1 on n'a pas pu.

Nous étions en CM2. Alexis m'avait offert un petit bracelet et moi, je lui faisais des dessins que je déposais sur sa table avant d'aller en récréation. Nous sommes restés amis durant le collège. Il avait un faible pour moi mais, à l'époque, je ne m'intéressais pas trop à l'amour. Nous nous sommes recroisés quelques fois pendant les années lycée, et puis la vie a suivi son chemin.
Maroussia

Maroussia, je t'aime du plus profond de mon cœur, je ne peux pas résister à ton charme. Bonne Saint-Valentin. Gros bisous. Alexis. Je t'aime.

J'ai donné ce poème à Océane en lui disant que j'étais amoureux d'elle. Elle l'a jeté à la poubelle et m'a dit qu'elle préférait un ami à moi « parce que lui est beau » (histoire tragique de cœur brisé). Plus tard, une surveillante l'a sorti de la poubelle et me l'a rendu.

Après avoir entendu cette histoire, la mère d'Océane l'a poussée à m'offrir un bracelet avec des dauphins pour s'excuser.

Yann

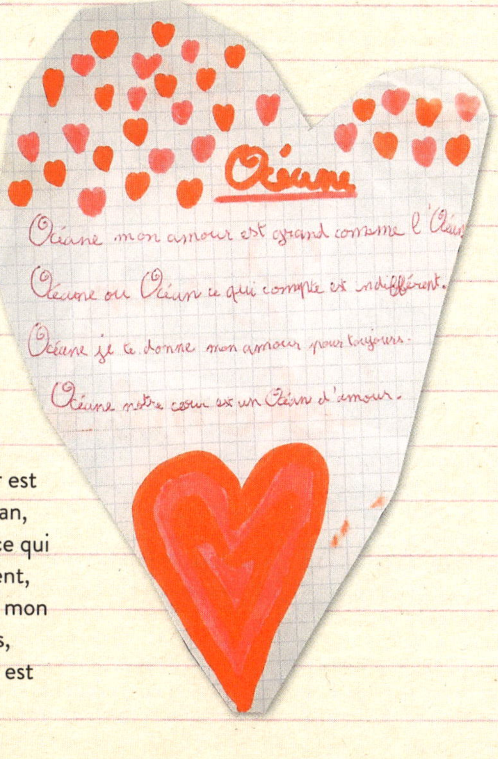

Océane mon amour est grand comme l'Océan,
Océane ou Océan ce qui compte est indifférent,
Océane je te donne mon amour pour toujours,
Océane notre cœur est un Océan d'amour.

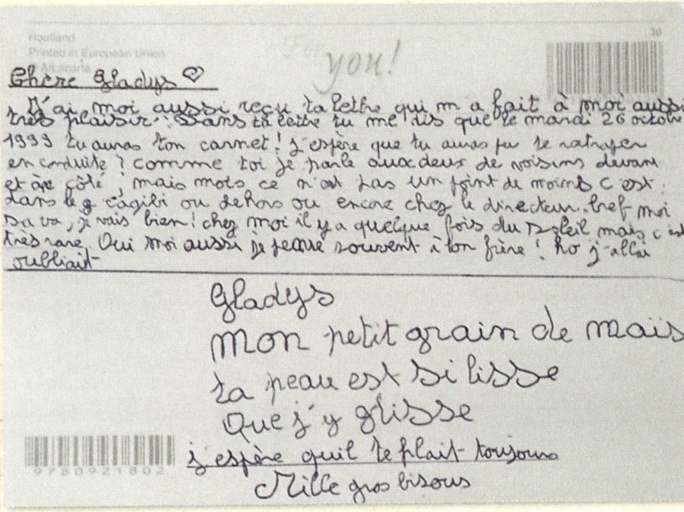
Chère Gladys ♡
J'ai moi aussi reçu ta lettre qui m a fait à moi aussi très plaisir. Dans ta lettre tu me dis que le mardi 26 octobre 1999 tu auras ton carnet! J'espère que tu auras pu te ratraper en conduite? comme toi je parle aux deux de voisins devant et àe côté, mais moi ce n'est pas un point de moins c'est dans le cagibi ou dehors ou encore chez le directeur. bref moi ça va, j'vais bien! chez moi il y a quelque fois du soleil mais c'est très rare. Oui moi aussi je pense souvent à ton frère! ho j'allai oubliait-

Gladys
Mon petit grain de maïs
ta peau est si lisse
Que j'y glisse
j'espère quil te plait toujours
Mille gros bisous

Chère Gladys,
J'ai moi aussi reçu ta lettre qui m'a fait à moi aussi très plaisir. Dans ta lettre, tu me dis que le mardi 26 octobre 1999, tu auras ton carnet ! J'espère que tu auras pu te rattraper en conduite ? Comme toi je parle aux deux voisins devant et à côté, mais moi, ce n'est pas un point de moins, c'est dans le cagibi ou dehors ou encore chez le directeur. Bref, moi ça va, je vais bien ! Chez moi, il y a quelques fois du soleil mais c'est très rare. Oui moi aussi je pense souvent à ton frère ! Ho j'allais oublier :

Gladys,
Mon petit grain de maïs
Ta peau est si lisse que j'y glisse
J'espère qu'il te plaît toujours
Mille gros bisous

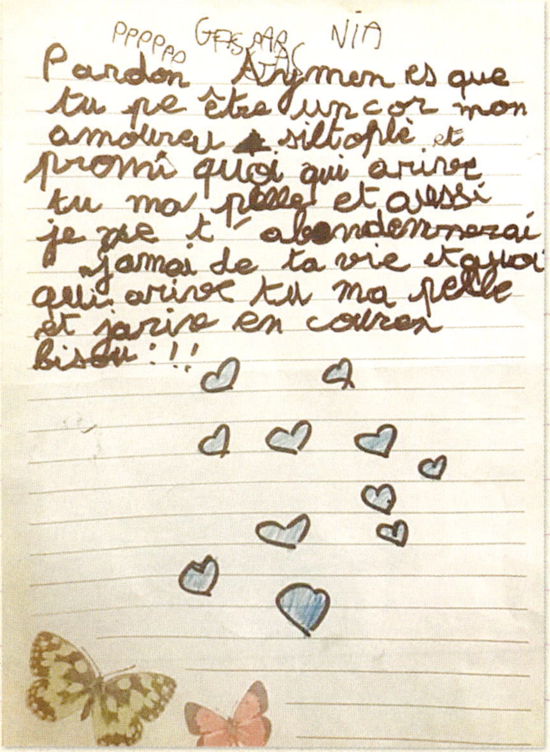
Pardon Aymen es que
tu pe être uncor mon
amoureu siltoplè et
promî quoi qui arive
tu ma pelle et aussi
je ne t'abandonnerai
jamai de ta vie et quoi
qui arive tu ma pelle
et jarive en couren
bisou !!!

Pardon Aymen, est-ce que tu peux être encore mon amoureux s'il te plaît et promis quoi qu'il arrrive, tu m'appelles et aussi je ne t'abandonnerai jamais de ta vie et quoi qu'il arrive, tu m'appelles et j'arrive en courant ! Bisous !!!

Mehdi était l'un de mes meilleurs amis en primaire. Je crois qu'il m'avait offert ce mot lors d'une Saint-Valentin.

Anna-Luna

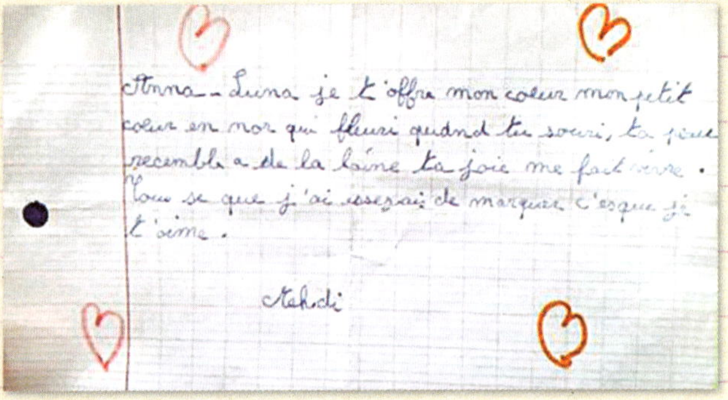

Anna-Luna je t'offre mon coeur mon petit
coeur en nor qui fleuri quand tu souri, ta peau
recembl a de la laine ta joie me fait vivre.
Tou se que j'ai essezai de marquer c'esque je
t'aime.

Mehdi

Anna-Luna, je t'offre mon cœur, mon petit cœur en or qui fleurit quand tu souris. Ta peau ressemble à de la laine. Ta joie me fait vivre. Tout ce que j'ai essayé de marquer, c'est que je t'aime.

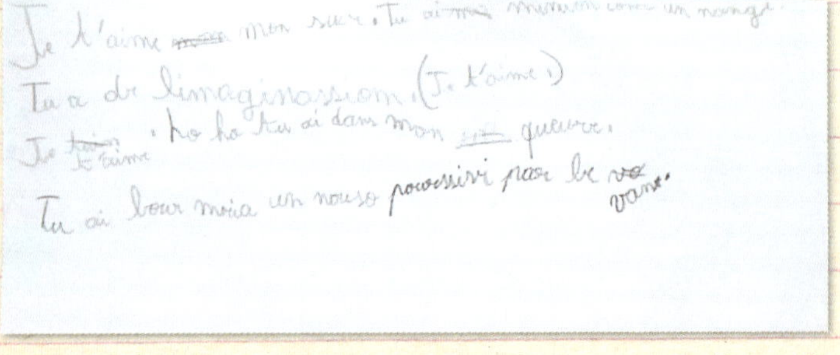

Je t'aime mon ceur. Tu ai minion come un ange
Tu a de limaginassion. (Je t'aime)
Je t'aime. Ho ho tu ai dans mon queure.
Tu ai pour moia un nouso poursuivi par le vant.

Je t'aime mon coeur. Tu es mignon comme un ange. Tu as de l'imagination (je t'aime). Je t'aime. Ho ho tu es dans mon cœur. Tu es pour moi un oiseau poursuivi par le vent.

Lors de sa première année d'école, ma fille, qui a maintenant 13 ans, était amoureuse d'un petit Félicien. L'année suivante, nous avons déménagé et, trois ans plus tard, elle lui a écrit ce mot. Encore aujourd'hui, elle se souvient de lui.

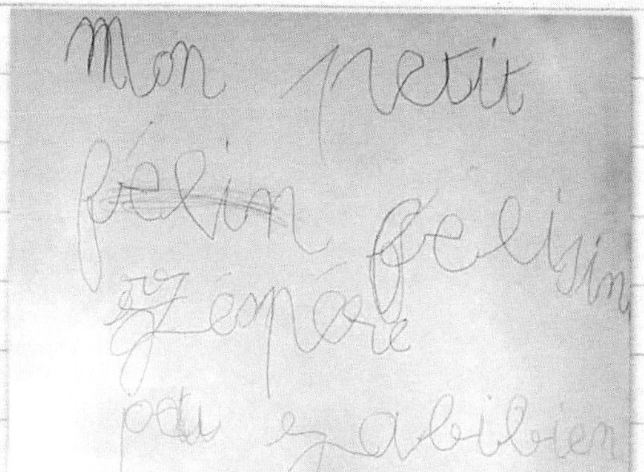

Mon petit Félicien, j'espère que tu vas bien. J'espère pour toi que tu vas trouver une autre fille.

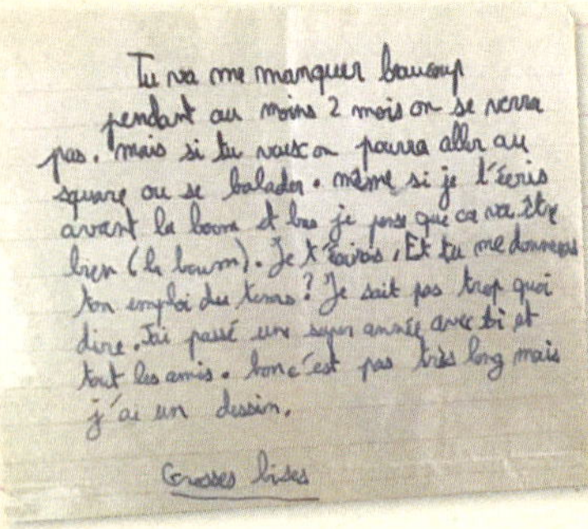
Tu va me manquer baucoup
pendant au moins 2 mois on se verra
pas. mais si tu veux on pourra aller au
square ou se balader. même si je t'écris
avant la boom et bas je pense que ca va être
bien (la boum). Je t'écrirai, Et tu me donneras
ton emploi du temps ? Je sait pas trop quoi
dire. J'ai passé une super année avec toi et
tout les amis. bon c'est pas très long mais
j'ai un dessin.

Grosses bises

Tu vas me manquer beaucoup pendant au moins deux mois on se verra pas. Mais si tu veux on pourra aller au square ou se balader. Même si je t 'écris avant la boom et bah je pense que ça va être bien (la boom). Je t'écrirai et tu me donneras ton emploi du temps? Je sais pas trop quoi dire. J'ai passé une super année avec toi et tous les amis. Bon c'est pas très long mais j'ai un dessin,
Grosses bises

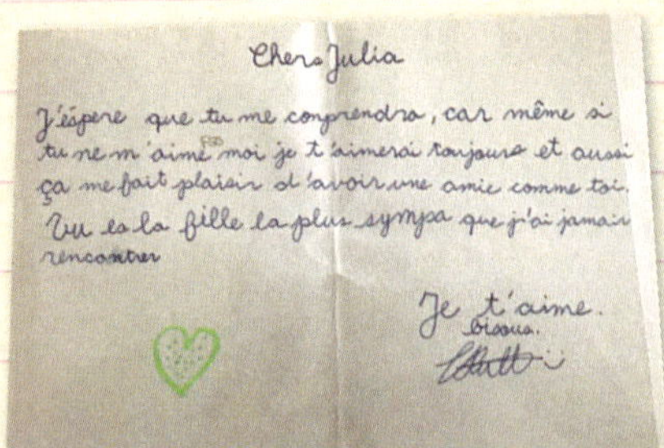
Chère Julia

J'éspere que tu me comprendra, car même si
tu ne m'aime pas moi je t'aimerai toujours et aussi
ça me fait plaisir d'avoir une amie comme toi.
Tu es la fille la plus sympa que j'ai jamais
rencontrer

Je t'aime.
Bisous.

Chère Julia,
J'espère que tu me comprendras, car même si tu ne m'aimes pas moi je t'aimerai toujours et aussi ça me fait plaisir d'avoir une amie comme toi. Tu es la fille la plus sympa que j'ai jamais rencontrée.
Je t'aime
Bisous

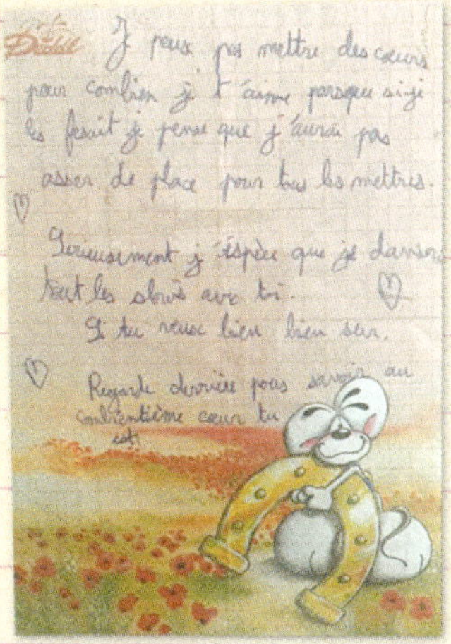
J peux pas mettre des cœurs pour combien je t'aime parsque si je les fesait je pense que j'aurai pas assez de place pour tous les mettres.

Serieusement j'espère que je danserai tout les slows avec toi.
Si tu veux bien bien sur.

Regarde derrière pour savoir au combientième cœur tu est.

Je peux pas mettre des cœurs pour combien je t'aime parce que si je le faisais je pense que j'aurais pas assez de place pour tous les mettre.
Sérieusement j'espère que je danserai tous les slows avec toi.
Si tu veux bien bien sûr.
Regarde derrière pour savoir au combientième cœur tu es.

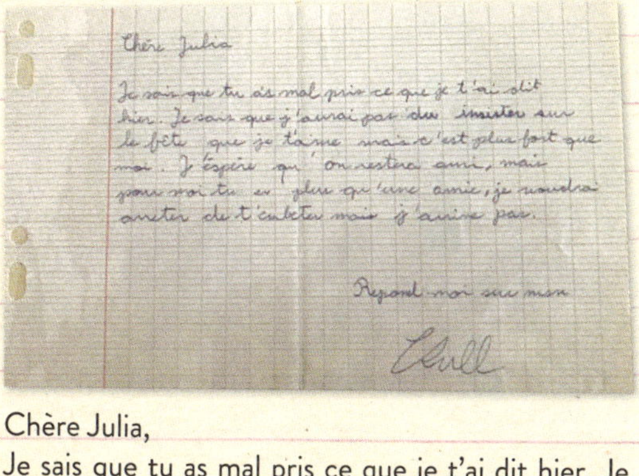
Chère Julia

Je sais que tu as mal pris ce que je t'ai dit hier. Je sais que j'aurai pas du insister sur le fete que je t'aime mais c'est plus fort que moi. J'espère qu'on restera ami, mais pour moi tu es plus qu'une amie, je voudrai arreter de t'embeter mais j'arrive pas.

Repond moi sur msn

Chère Julia,
Je sais que tu as mal pris ce que je t'ai dit hier. Je sais que j'aurais pas dû insister sur le fait que je t'aime mais c'est plus fort que moi. J'espère qu'on restera amis, mais pour moi tu es plus qu'une amie, je voudrais arrêter de t'embêter mais j'arrive pas.
Réponds-moi sur msn

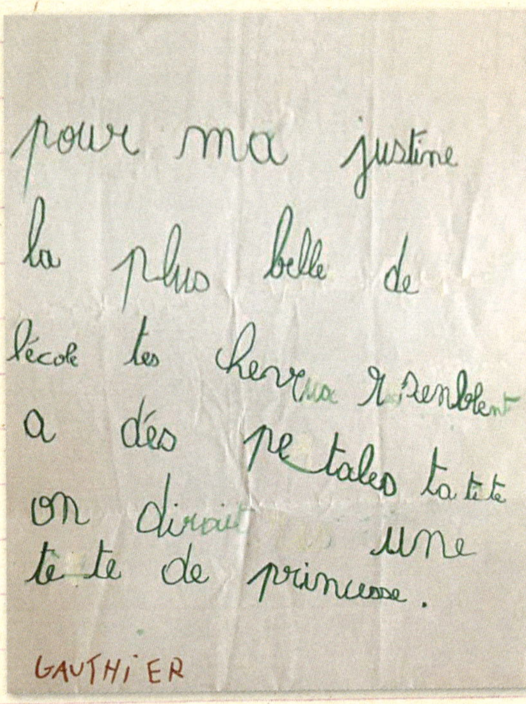
pour ma justine
la plus belle de
l'école tes cheveux ressemblent
a dés petales ta tête
on dirait une
tête de princesse.
GAUTHIER

Pour ma Justine, la plus belle de l'école. Tes cheveux ressemblent à des pétales. Ta tête on dirait une tête de princesse.
Gauthier

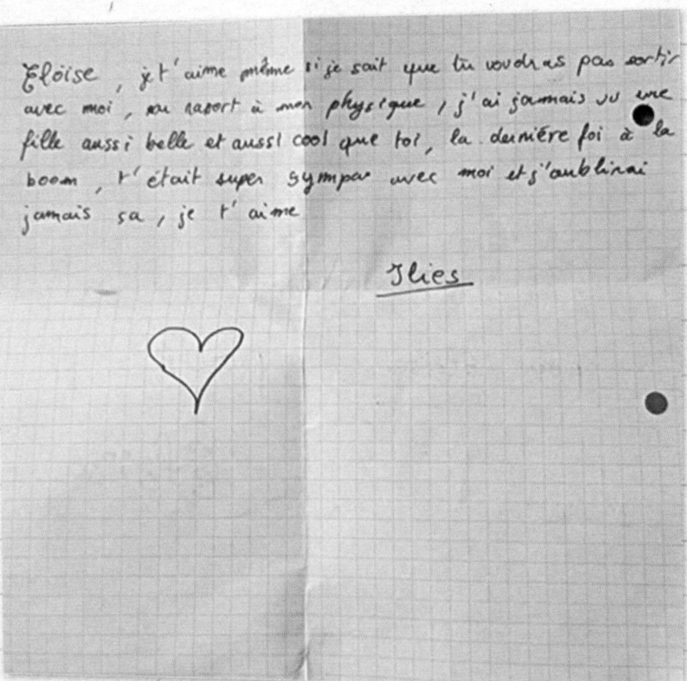

Éloïse, je t'aime même si je sait que tu voudras pas sortir
avec moi, par raport à mon physique, j'ai jamais vu une
fille aussi belle et aussi cool que toi, la dernière foi à la
boom, t'était super sympa avec moi et j'oublirai
jamais ça, je t'aime

Ilies

Éloïse, je t'aime même si je sais que tu voudras pas sortir avec moi, par rapport à mon physique, j'ai jamais vu une fille aussi belle et aussi cool que toi, la dernière fois à la boom, t'étais super sympa avec moi et j'oublierai jamais ça, je t'aime
Ilies

En classe, j'ai vu ma copine Louise glisser ce mot sous mon dictionnaire. Je l'ai montré à quelques camarades qui ont essayé de mener l'enquête. Une de mes copines a même fait une étude graphologique en demandant à toutes les filles de la classe d'écrire un mot pour comparer les écritures ! Finalement, je n'ai jamais su qui était l'amoureuse…

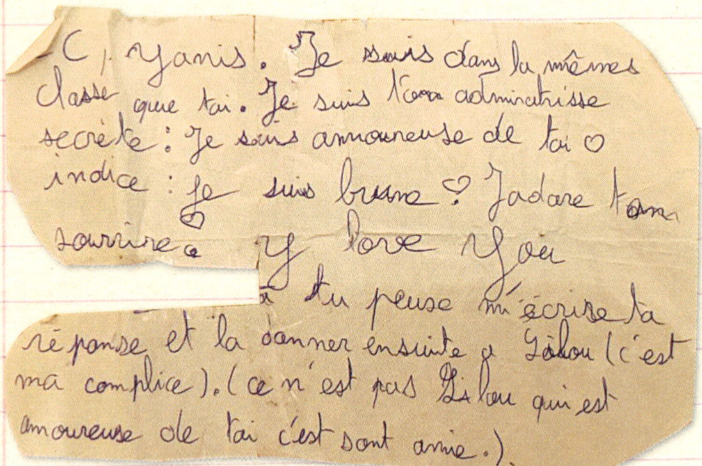
C, Yanis. Je suis dans la mêmes
classe que toi. Je suis ton admiratrisse
secrète : Je suis amoureuse de toi ♡
indice : Je suis brune ♡ Jadore ton
sourire. I love You
tu peuse m'écrire ta
réponse et la donner ensuite a Lilou (c'est
ma complice). (ce n'est pas Lilou qui est
amoureuse de toi c'est sont amie.).

Coucou, Yanis. Je suis dans la même classe que toi. Je suis ton admiratrice secrète : je suis amoureuse de toi
Indice : je suis brune ! J'adore ton sourire. I love you
Tu peux m'écrire ta réponse et la donner ensuite à Lilou (c'est ma complice). (Ce n'est pas Lilou qui est amoureuse de toi c'est son amie.)

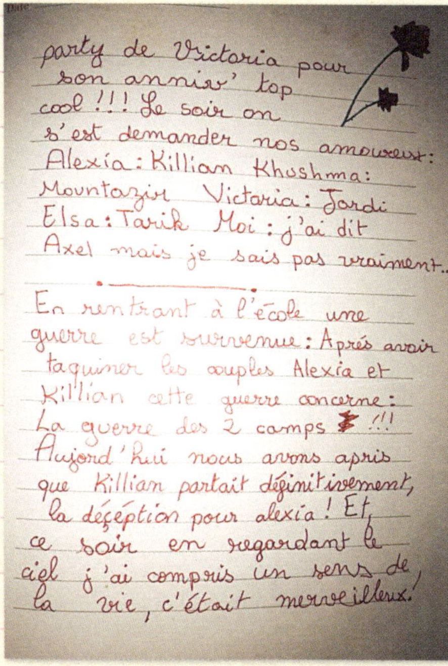

party de Victoria pour
son anniv' top
cool !!! Le soir on
s'est demander nos amoureux:
Alexia: Killian Khushma:
Mountazir Victoria: Jordi
Elsa: Tarik Moi: j'ai dit
Axel mais je sais pas vraiment..

En rentrant à l'école une
guerre est survenue: Aprés avoir
taquiner les couples Alexia et
Killian cette guerre concerne:
La guerre des 2 camps !!!
Aujord'hui nous avons apris
que Killian partait définitivement,
la déception pour alexia! Et,
ce soir en regardant le
ciel j'ai compris un sens de
la vie, c'était merveilleux!

Party de Victoria pour son anniv' trop cool !!!
Le soir on s'est demandé nos amoureux :
Alexia : Killian
Khushma : Mountazir
Victoria : Jordi
Elsa : Tarik
Moi : j'ai dit Axel mais je sais pas vraiment...

En rentrant à l'école une guerre est survenue : après avoir taquiné le couple Alexia et Killian cette guerre concerne : la guerre des 2 camps !!!
Aujourd'hui nous avons appris que Killian partait définitivement, la déception pour Alexia ! Et ce soir en regardant le ciel j'ai compris un sens de la vie, c'était merveilleux !

Guillaume m'avait invitée à sa fête d'anniversaire à Quick. Nous nous sommes retrouvés tous les deux dans les jeux. J'en ai profité pour lui demander « Guillaume, tu veux être mon amoureux ? » C'était facile à l'époque ! Sa maman était ravie, elle faisait en sorte que Guillaume soit mignon avec moi, qu'il m'écrive des lettres et me fasse des cadeaux. Pour mes 10 ans, il (ou plutôt sa mère) m'a offert du vernis à ongle. C'était la première fois que j'en recevais, j'étais super contente ! Ma mère un peu moins…

Marie
Je te souhaite une bonne fête de Saint Valentin
Je t'aime très très très très très très fort
Guigui

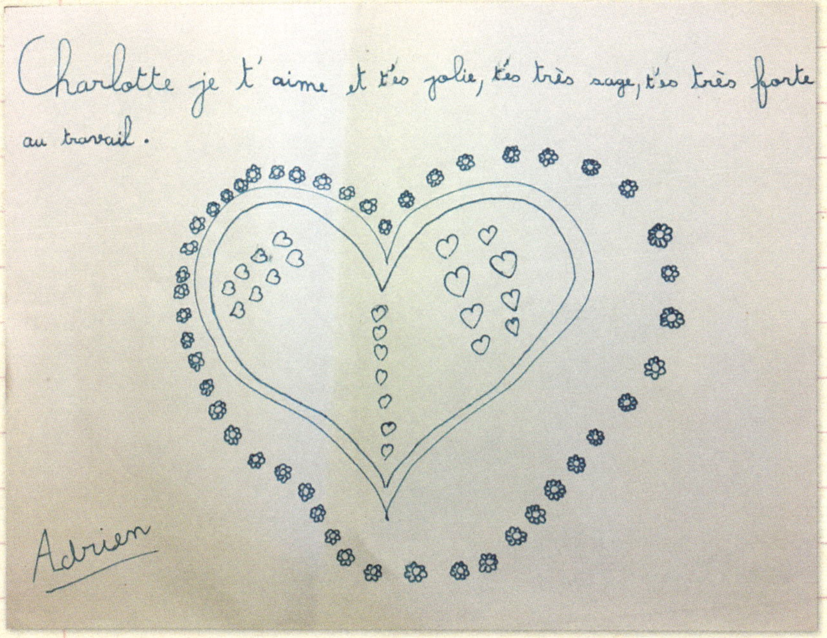

Charlotte je t'aime et t'es jolie, t'es très sage, t'es très forte au travail.
Adrien

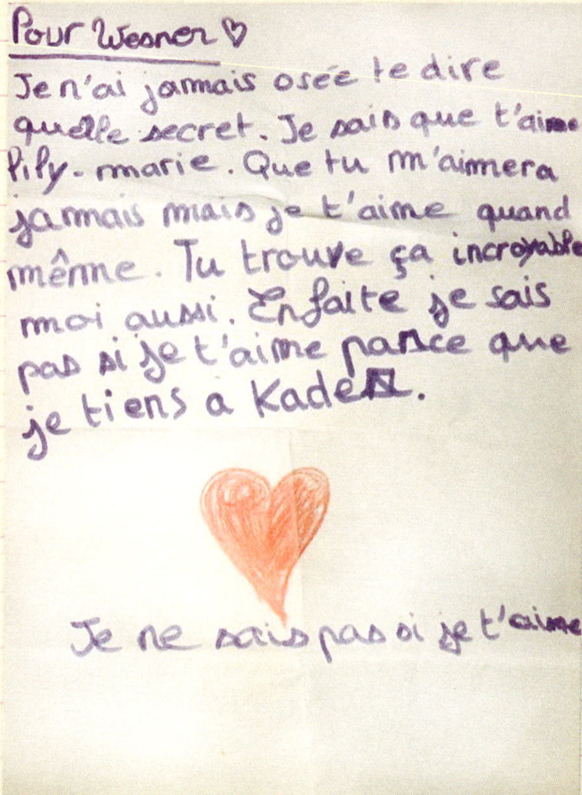

Pour Wesner ♡
Je n'ai jamais osée te dire
quelle secret. Je sais que t'aime
Lily-marie. Que tu m'aimera
jamais mais je t'aime quand
mênme. Tu trouve ça incroyable
moi aussi. Enfaite je sais
pas si je t'aime parce que
je tiens a Kader.

Je ne sais pas si je t'aime

Pour Wesner
Je n'ai jamais osé te dire quel secret. Je sais que t'aimes Lily-Marie. Que tu m'aimeras jamais mais je t'aime quand même. Tu trouves ça incroyable, moi aussi. En fait, je sais pas si je t'aime parce que je tiens à Kader. Je ne sais pas si je t'aime.

J'étais vraiment très amoureuse d'Arsène. C'est le premier garçon avec qui je suis allée au cinéma : je l'avais appelé sur son téléphone fixe pour lui proposer ! Mon père nous avait accompagnés et avait regardé le film avec nous, Spiderman je crois. Je lui avais même offert un paquet de Schtroumpf.

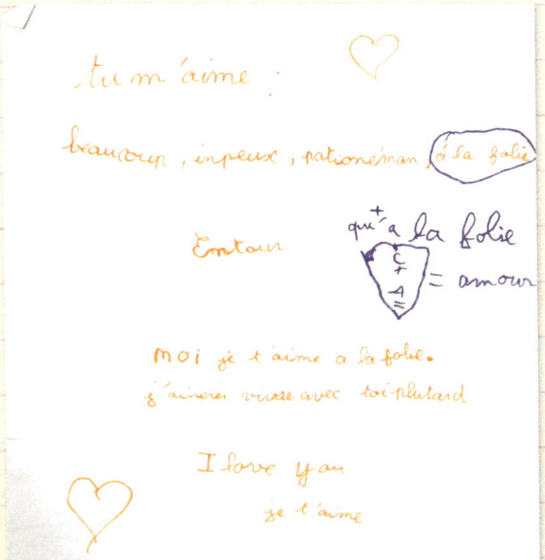
tu m'aime :

beaucoup , inpeux , pationéman , à la folie

Entour

qu'à la folie
+
C + A = amour

moi je t'aime a la folie.

j'aimerai vivre avec toi plutard

I love you

je t'aime

Tu m'aimes : beaucoup, un peu,
passionnément, à la folie
Entoure
Moi je t'aime à la folie.
J'aimerais vivre avec toi plus tard.
I love you
Je t'aime

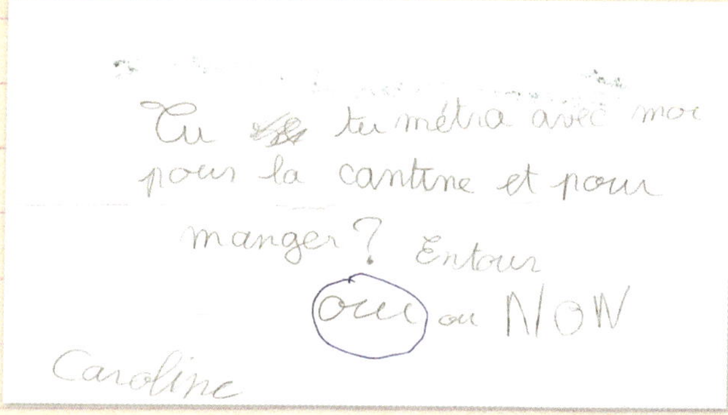

Tu te mettras avec moi pour la cantine et pour manger ?
Entoure oui ou non
Caroline

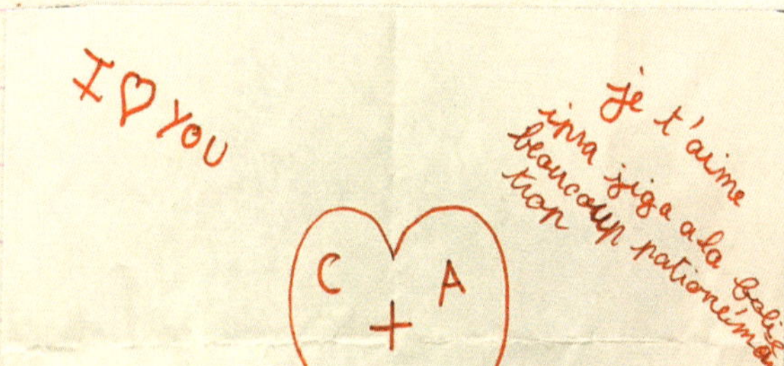

Je t'aime hypra giga à la folie beaucoup passionnément trop
Est-ce que tu voudras te marier avec moi ?

Tu m'aimes toujours
Oui non
À la folie
Moi aussi

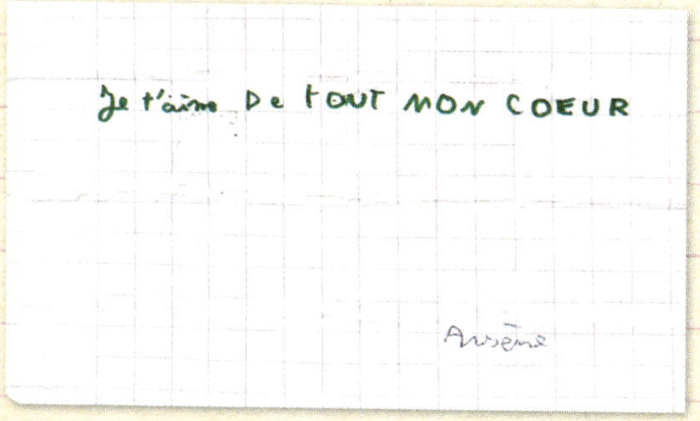

Je t'aime de tout mon cœur
Arsène

Ces lettres datent de 2000-2001. Elles m'ont été données par Damien, Lionel et Christopher, des camarades de classe avec qui j'ai eu des amourettes. Nous traînions tous ensemble. Ils venaient souvent me chercher en mini moto.. Un jour, le bruit de l'engin a agacé mon voisin, qui leur a jeté un seau d'eau sur la tête.

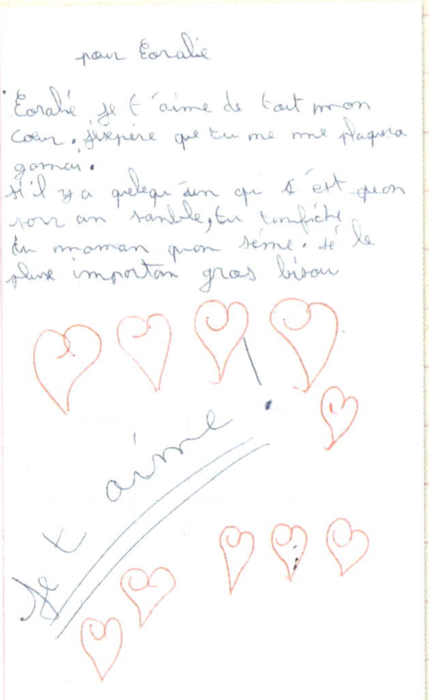

pour Coralie

Coralie je t'aime de tout mon cœur. j'espère que tu me me plaqura jamai.
S'il y a quelqu'un qui s'ect quon sort an sanble, tu t'en fiche du maman quon s'eme. sé le pluse importan gros bisou

Je t'aime

Pour Coralie. Coralie je t'aime de tout mon cœur. J'espère que tu ne me plaqueras jamais. S'il y a quelqu'un qui sait qu'on sort ensemble, tu t'en fiches du moment qu'on s'aime, c'est le plus important gros bisous. Je t'aime !

Celle-ci est une lettre de Lionel. Avec lui, nous avions organisé un faux mariage. Ma petite sœur était chef de cérémonie.

Le plaisir de l'amour ne dure qu'un moment
. C'est pourquoi j'en pofite le maximum quand
je suis à tes coté . Depuis que je t'ai rencontré
je nage dans le bonheur . ton sourire et ta
beauté m'on emerveillé . Depuis que je t'ai
vu la pemière fois je me suis dit dans ma
tête cette la, elle est pour moi

de la part de ton admirateur

Le plaisir de l'amour ne dure qu'un moment. C'est pourquoi j'en profite le maximum quand je suis à tes côtés. Depuis que je t'ai rencontrée je nage dans le bonheur. Ton sourire et ta beauté m'ont émerveillé. Depuis que je t'ai vu la première fois je me suis dit dans ma tête celle-là, elle est pour moi.
De la part de ton admirateur

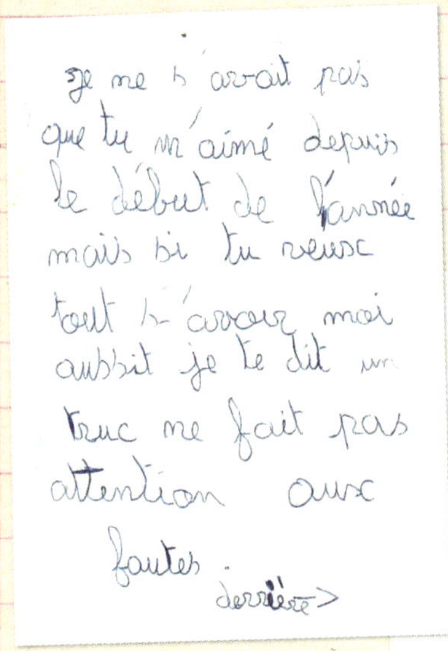
Je ne s'avait pas
que tu m'aimé depuis
le début de l'année
mais si tu veux
tout s'avoir moi
aussit je te dit un
truc ne fait pas
attention aux
fautes.
derrière>

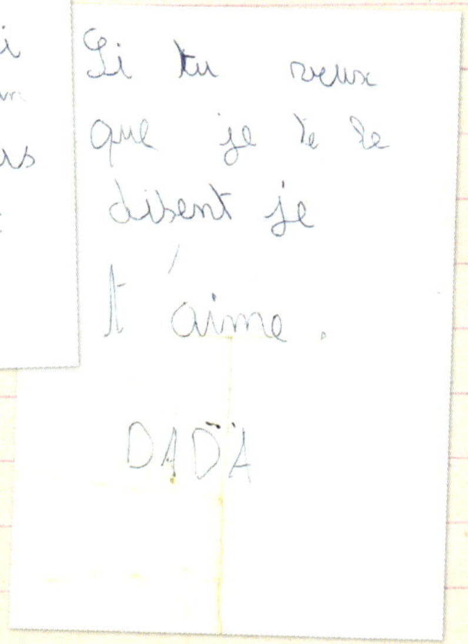
Si tu veux
que je te le
disent je
t'aime.

DADA

Je ne savais pas que tu m'aimais depuis le début de l'année mais si tu veux tout savoir moi aussi je te dis un truc ne fais pas attention aux fautes derrière. Si tu veux que je te le dise je t'aime
Dada

Cette lettre vient de Damien. Le « je serai un monstre à bouton », c'est parce qu'il avait eu la varicelle !

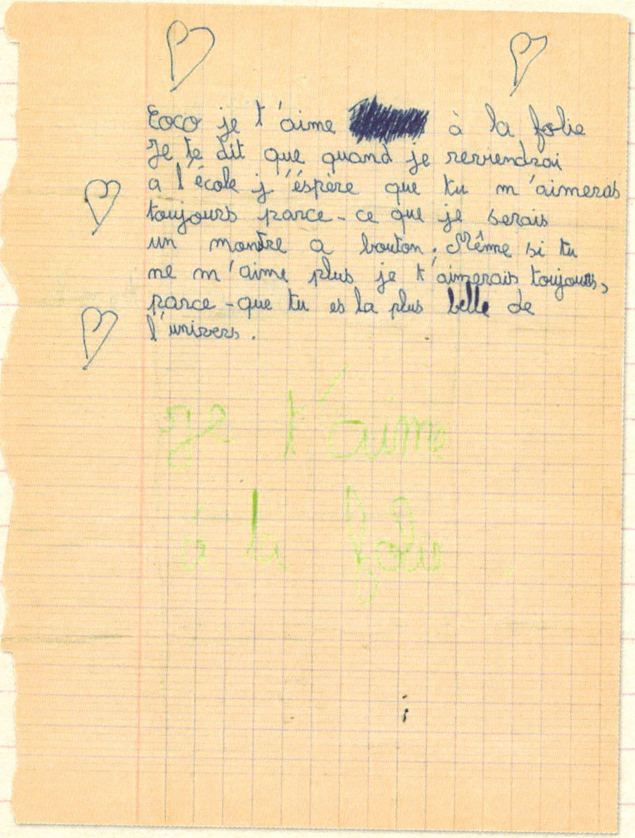
Coco je t'aime [redacted] à la folie
Je te dit que quand je rerviendrai
a l'école j'éspère que tu m'aimeras
toujours parce-ce que je serais
un monstre a bouton. Même si tu
ne m'aime plus je t'aimerais toujours,
parce-que tu es la plus belle de
l'univers.

Je t'aime
à la folie

Coco je t'aime à la folie. Je te dis que quand je reviendrai à l'école j'espère que tu m'aimeras toujours parce que je serai un monstre à bouton. Même si tu ne m'aimes plus je t'aimerai toujours, parce que tu es la plus belle de l'univers.

Remerciements

Je remercie toutes les personnes qui m'ont confié leurs lettres et leurs souvenirs. Merci à Baptiste, source intarissable de bons conseils et d'optimisme. Et merci à Simon, sans qui ce livre n'aurait probablement pas existé !

Éditions Albin Michel
22, rue Huyghens, 75014 Paris
www.albin-michel.fr
ISBN : 978-2-226- 45731-8
N° d'édition : 24248/01 – N° d'impression : 96574
Dépôt légal : Février 2021
Imprimé en France par Pollina, Luçon